COCINANDO CON

KARLOS ARGUIÑANO

Primera edición: Octubre 2003

Edición: Bainet Media S.A.
Texto: Karlos Arguiñano
Fotografías: Mikel Alonso y Jesús Angel Miranda
Cubierta y diseño interior: RTO Publicidad S.L.
Fotocomposición: RTO Publicidad S.L.
Fotomecánica: GRAFO S.L.

Uribitarte, 18 – 48001 Bilbao

I.S.B.N.: 84-96177-01-7
Deposito legal: BI-1726-03
Impreso y encuadernado en GRAFO S.A.
Impreso en España (*Printed in Spain*)

PRÓLOGO

En este libro he recogido las últimas recetas del programa de TV "La Cocina de Karlos Arguiñano" y están pensadas para que cualquiera las pueda hacer en su casa. Todas ellas con ingredientes sencillos, económicos y fáciles de encontrar.

En la cocina casera, la de todos los días, es muy importante el tema económico. Las amas de casa tienen que hacer auténticas maravillas para poder llegar a fin de mes dando de comer a toda la familia con fundamento y ajustándose a un presupuesto escaso. Este libro es un pequeño homenaje a todas ellas y con él pretendo ayudarlas a preparar unos menús sanos y baratos.

A la hora de preparar estas recetas puede que haya algún ingrediente que no tengáis a mano o bien que no os guste. No hay problema. Sustituidlo por otro parecido o bien otro que os guste más. Dadle siempre vuestro toque personal. Eso es lo que hace que los platos tengan personalidad y la cocina casera sea divertida. No descuidéis la presentación, la comida también entra por los ojos.

Lo que más me preocupa a la hora de preparar el menú diario es la calidad de los productos. En la limpieza y la calidad soy muy exigente. En eso no perdono. En el mercado hay que pedir que los productos sean frescos y estén limpios. Los que cocinamos somos responsables, en parte, de la salud de los demás, por eso tenemos dos obligaciones muy importantes: cuidar al máximo los productos con los que trabajamos y mantener la cocina siempre muy limpia, no lo olvidéis nunca.

He querido hacer un libro bonito pero también muy útil, que os ayude en la cocina y en el mercado. Además de los ingredientes y la elaboración, en todas las recetas encontraréis las fotos del paso a paso para que os sea más fácil preparar el plato. También os doy algunos trucos y consejos para sacarle más partido a las recetas. Además he incluido la temporada ideal del producto principal del plato y la bebida que mejor acompaña a cada receta.

Este es un libro práctico y su intención es que disfrutéis tanto en la cocina como en la mesa.

Karlos

SUMARIO

ENSALADAS

VERDURAS Y HORTALIZAS

ARROCES

PASTAS

LEGUMBRES

SOPAS Y CREMAS

HUEVOS

CARNES

AVES

PESCADOS

ENSALADAS

ENSALADA DE MAR Y MONTAÑA

INGREDIENTES

1/2 conejo
3 dientes de ajo
2 aguacates
2 patatas
8 langostinos
100 gr. de tomates cherry
200 gr. de uvas
agua
aceite de oliva virgen extra
vinagre
sal
perejil picado

ELABORACIÓN

Limpia los tomates cherry y córtalos en cuatro. Colócalos en un bol. Añade aceite, vinagre, sal y perejil picado. Mezcla y deja macerar. Cuece las patatas en una cazuela con agua, pélalas y córtalas en rodajas. Abre los aguacates, retírales el hueso. Pélalos y córtalos en rodajas. Pela los langostinos, retirando la cabeza y el caparazón. Córtalos por la mitad a lo largo y cuécelos brevemente en una cazuela con agua y una pizca de sal. Escúrrelos. Limpia bien el conejo, deshuesa los lomos y los muslos y trocéalos. Pela y pica los ajos finamente. Pon aceite en una sartén y saltea los trocitos de conejo. Pásalos a un plato con papel de cocina para que escurran el aceite. Retira las uvas del racimo y límpialas en un bol con agua.

Monta la ensalada en una fuente amplia. A un lado coloca las rodajas de patatas, al otro las de aguacate y en el centro el conejo salteado. Sobre las patatas y los aguacates, pon las colas de langostino y las uvas. Salsea con la vinagreta.

Limpia los tomates cherry y córtalos en cuatro. Colócalos en un bol.

Pon aceite en una sartén y saltea los trocitos de conejo.

Retira las uvas del racimo y límpialas en un bol con agua.

Monta la ensalada en una fuente amplia.

TEMPORADA

Otoño

BEBIDA

Tinto del año

CONSEJO

Las hortalizas de hoja precisan un lavado minucioso, ya que están en contacto con la tierra, herbicidas y pesticidas que pueden afectar a la salud. Para ello, se desprenden las hojas y se pasan una a una bajo el grifo; luego se dejan a remojo en un barreño con agua limpia durante unos 10 minutos, repitiendo la operación si fuera necesario.

ENSALADA DE BACALAO CON NARANJAS

INGREDIENTES

500 gr. de bacalao desalado
2 huevos cocidos
2 naranjas
10 espárragos verdes

Para el aliño:
1 cucharadita de pimentón
aceite de oliva virgen extra
vinagre
sal

ELABORACIÓN

Corta el bacalao (sin retirar la piel) en trozos pequeños y fríelos en una sartén con un poco de aceite. Cuando estén dorados, sácalos y coloca sobre un plato forrado con papel de cocina para que escurran el aceite.
Pela las naranjas y córtalas en gajos, retirando bien las pieles blancas. Reserva en un plato.
Limpia los espárragos y córtalos por la mitad a lo largo. Dóralos en la misma sartén donde has frito el bacalao.
Corta los huevos en 4 gajos.
Pon en un bol un buen chorro de aceite, un chorrito de vinagre, el pimentón y una pizca de sal. Bate bien.
Monta la ensalada, colocando alrededor de la fuente los trozos de bacalao, en el centro los gajos de naranja, encima los espárragos y los gajos de huevo cocido y aliña.

Corta el bacalao (sin retirar la piel) en trozos pequeños y fríelos en una sartén con un poco de aceite.

Pela las naranjas y córtalas en gajos, retirando bien las pieles blancas.

Limpia los espárragos y córtalos por la mitad a lo largo.

Monta la ensalada y aliña.

TEMPORADA
Invierno

BEBIDA
Blanco crianza

CONSEJO

Consumir naranjas es muy beneficioso para la salud. Además de las vitaminas que aporta, hay que destacar la cantidad de fibra que contiene, hecho que favorece la actividad intestinal. Las naranjas son excelentes para combatir infecciones y mejorar la circulación.

ENSALADA DE CHAMPIÑONES

INGREDIENTES

400 gr. de champiñones en conserva
8 langostinos
12 puntas de espárragos verdes
1 tomate
unas hojas de escarola
unas hojas de lechuga lolo
aceite de oliva virgen extra
vinagre
sal
pimienta

ELABORACIÓN

Limpia las hojas de escarola y las de lolo y escúrrelas.
Abre las latas de champiñón en conserva (puedes alternar enteros y laminados), escurre el agua y colócalos sobre la plancha con una gota de aceite. Pela los langostinos y córtalos por la mitad a lo largo. Limpia las puntas de espárragos verdes. Dispónlos sobre la plancha (caliente) con un poco de aceite sin que se mezclen con los champiñones.
Pela un tomate, córtalo en dados, sazónalo y colócalo en un bol, añade los champiñones y espolvorea con pimienta molida. Vierte un chorrito de aceite y otro de vinagre y mezcla bien.
Para servir, coloca unas hojas de escarola en el centro de la fuente, alrededor las hojas de lolo. Sobre las hojas de escarola sirve la mezcla de champiñones y tomate y encima las colas de langostino y las puntas de espárrago.

Dispón sobre la plancha (caliente) los champiñones, langostinos y espárragos sin que se mezclen.

Pela un tomate, córtalo en dados, sazónalo y colócalo en un bol, añade los champiñones.

Para servir, coloca unas hojas de escarola en el centro de la fuente.

Sobre las hojas de escarola sirve la mezcla de champiñones y tomate.

TEMPORADA

Verano

BEBIDA

Blanco crianza

CONSEJO

El valor calórico del champiñón es muy aceptable, pudiendo cumplir perfectamente la función de un primer plato en nuestra dieta, sustituyendo a otras verduras y hortalizas. Los champiñones son muy recomendables en regímenes de adelgazamiento.

ENSALADILLA RUSA

INGREDIENTES

4 patatas
2 zanahorias
3 huevos
150 gr. de guisantes cocidos
200 gr. de bonito en aceite
1/2 litro de mahonesa
agua
sal

Para decorar:

lechuga
huevo
gambas cocidas
aceitunas
pimiento morrón
patata azul

ELABORACIÓN

Pon a remojo la lechuga y después pasa cada hoja bajo el grifo.

Pon a cocer las patatas con piel, los huevos enteros y las zanahorias peladas, en una cazuela con abundante agua. Deja que se enfríen, pela las patatas y los huevos, reservando la patata azul y un huevo para decorar.

Trocea todo en cuadraditos pequeños y colócalos en un bol grande. Sazona. Agrega el bonito desmigado y los guisantes cocidos.

Mezcla todos los ingredientes, añade la mahonesa y sirve en una fuente amplia. Decórala a tu gusto con unas tiras de pimiento, aceitunas, la patata azul, el huevo, las gambas y las hojas de lechuga cortada en juliana fina.

Pon a remojo la lechuga y después pasa cada hoja bajo el grifo.

Pela las patatas y los huevos, reservando la patata azul y un huevo para decorar.

Mezcla todos los ingredientes, añade la mahonesa y sirve en una fuente amplia.

Decórala a tu gusto.

TEMPORADA

Verano

BEBIDA

Rosado

CONSEJO

Si no tienes mucho tiempo para cocinar y quieres que la patatas se cuezan más rápidamente, solo tienes que pincharlas con una aguja "gordita" antes de meterlas en el agua. De esta forma tardaran la mitad de tiempo.

ENSALADA DE ARROZ Y PLÁTANO

INGREDIENTES

1 pechuga de pollo
2 plátanos
100 gr. de arroz
100 gr. de pasas
8 rabanitos
Unas hojas de lechugas variadas
1 limón
agua
aceite de oliva virgen extra
sal

Para la vinagreta:
1 cucharada de mostaza
1 cucharada de azúcar
una pizca de jengibre fresco
aceite de oliva virgen extra
vinagre

ELABORACIÓN

Pon a cocer el arroz en la olla rápida con un poco de agua y una pizca de sal. En 5 minutos estará listo. Pásalo por agua fría y escúrrelo bien.
Corta la pechuga en trozos de bocado y sazónalos. Colócalos en un bol, riégalos con el zumo de limón y déjalos macerando durante 30 minutos. Escurre bien y fríelos en una sartén con un poco de aceite.
Para la vinagreta, pon en un bol la mostaza, el azúcar y un poco de jengibre rallado. Añade 4 cucharadas de aceite y un chorro de vinagre. Bate con un tenedor hasta que quede una salsa homogénea.
Coloca el arroz en un bol grande, agrega las pasas remojadas, un plátano cortado en daditos y el pollo. Aliña con un poco de la vinagreta y mezcla.
Lava las hojas de lechuga colócalas a ambos lados de una fuente amplia. Sirve en el centro la mezcla de arroz, pasas, plátano y pollo. Decora con los rabanitos y el otro plátano. Aliña nuevamente y a la mesa.

Pon a cocer el arroz en la olla rápida con un poco de agua y una pizca de sal.

Corta la pechuga en trozos de bocado, riégalos con el zumo de limón y déjalos macerando.

Pon en un bol la mostaza, el azúcar y un poco de jengibre rallado. Añade el aceite y un chorro de vinagre.

Coloca el arroz en un bol grande, agrega las pasas remojadas, un plátano cortado en daditos y el pollo.

TEMPORADA
Otoño

BEBIDA
Tinto del año

CONSEJO

En la cocina occidental, el jengibre puede emplearse en guisos de carne y aves, sopas de verdura, platos de pescado y como ingrediente de las más variadas vinagretas. Es muy bueno para facilitar la digestión y además alivia la tos y los resfriados.

ENSALADA DE JUDÍAS BLANCAS CON SALVIA

INGREDIENTES

400 gr. de judías blancas
1/2 cebolla
1 zanahoria
1 hoja de laurel
1 tomate
200 gr. bonito en aceite
20 aceitunas negras
1 cebolleta
unas hojas de lechuga Treviso
unas hojas de lechuga de roble
agua y sal

Para la vinagreta:

aceite de oliva virgen extra
vinagre
sal
1 cucharita de salvia
perejil picado

ELABORACIÓN

Pon las judías a remojo de víspera. Ponlas a cocer en la olla rápida con la cebolla y la zanahoria picadas. Sazona, agrega la hoja de laurel y deja cocer durante 4-5 minutos desde el momento en que empiece a salir el vapor. Escúrrelas y refréscalas.

Para la vinagreta pon en un bol, unas 4 cucharadas de aceite, 1 de vinagre, 1 cucharadita de salvia picada y una pizca de sal. Bate bien hasta que ligue un poco.

Limpia las hojas de Treviso y las de roble y escúrrelas. Córtalas en juliana. Mézclalas y colócalas en el fondo de una fuente amplia y plana.

Pasa las judías a un bol grande, añade el tomate pelado y cortado en dados y el bonito desmigado. Mezcla bien.

Sirve las judías sobre las hojas de lechuga. Salpica toda la ensalada con unas aceitunas negras y unos aros de cebolleta. Espolvorea la vinagreta con un poco de perejil picado, bate y salsea la ensalada.

Pon las judías a cocer en la olla rápida con la cebolla y la zanahoria picadas.

Limpia las hojas de Treviso y las de roble y escúrrelas. Córtalas en juliana.

Pasa las judías a un bol grande, añade el tomate pelado y cortado en dados.

Sirve las judías sobre las hojas de lechuga y el bonito desmigado.

TEMPORADA

Invierno

BEBIDA

Tinto del año

CONSEJO

A las personas muy ocupadas os sugiero que utilicéis judías blancas cocidas. Eso sí, de calidad extra. Escurrirlas bajo el grifo para limpiarlas de cualquier tipo de conservante que puedan tener.

ENSALADA DE COGOLLOS Y ESPÁRRAGOS BLANCOS

INGREDIENTES

12 espárragos blancos
8 huevos de codorniz
4 cogollos de lechuga
8 tomates cherry
2 cucharadas de pipas de calabaza
80 gr. de bambú laminado
agua
aceite de oliva virgen extra
vinagre de Módena
sal
azucar

ELABORACIÓN

Pela los espárragos (retírales la parte inferior del tallo) y ponlos a cocer en la olla rápida con un poco de sal y un poco de azúcar. En 1 minuto estarán a punto. Sácalos, escúrrelos y resérvalos.

Pon a cocer los huevos de codorniz durante 5 minutos. Cuando estén duros, pélalos en caliente.

Sirve los espárragos en el centro de la fuente, a los costados coloca los cogollos cortados por la mitad. En la parte del tallo pon los huevos de codorniz cortados por la mitad. Adorna con los tomates cherry. Sazona y salpica todo con un poco de vinagre de Módena.

En una sartén con un poco de aceite, saltea el bambú y sírvelo encima de los cogollos. En la misma sartén, saltea las pipas de calabaza y espolvorea con ellas la ensalada. Riega con un buen chorro de aceite.

Pela los espárragos.

Sirve los espárragos en el centro de la fuente.

En la parte del tallo pon los huevos de codorniz cortados por la mitad.

En una sartén con un poco de aceite, saltea el bambú y sírvelo encima de los cogollos.

TEMPORADA

Primavera

BEBIDA

Rosado

CONSEJO

No tiréis la parte inferior de los tallos de espárragos. Cocidos, con unos puerros y unas patatas, conseguiréis una buena base para elaborar una crema.

ENSALADA TEMPLADA DE SETAS Y GAMBAS

INGREDIENTES

150 gr. de setas
250 g. de gambas
2 patatas cocidas
1 diente de ajo
2 cebolletas
hojas de lechuga lolo, roble y escarola
agua
aceite de oliva virgen extra
vinagre
sal

ELABORACIÓN

Riega una bandeja de horno con un buen chorro de aceite y coloca encima las setas bien limpias. Sazónalas y espolvoréalas con el ajo picado. Introduce en el horno a 180ºC -200º C, durante 8-10 minutos.
Pela las gambas y ponlas a cocer en una cazuela con agua y un poco de sal durante 1 minuto. Escúrrelas y resérvalas.
Limpia bien las hojas de lechuga de roble, lolo y escarola y escúrrelas. Pica las hojas de lechuga en juliana fina, colócalas en el fondo de una bandeja amplia y sazona.
Corta las patatas en rodajas, ponlas sobre la lechuga, encima coloca las setas. Alrededor dispón las hojas de escarola, roble y lolo.
Pica la cebolla en juliana fina y espárcela sobre la ensalada. Agrega las gambas y aliña con aceite, vinagre y sal.

Riega una bandeja de horno con un buen chorro de aceite y coloca encima las setas.

Pela las gambas y ponlas a cocer en una cazuela con agua y un poco de sal.

Pica las hojas de lechuga en juliana fina.

Corta las patatas en rodajas, ponlas sobre la lechuga, encima coloca las setas.

TEMPORADA
Otoño

BEBIDA
Blanco afrutado

CONSEJO

Las gambas es mejor consumirlas frescas, por tanto hay que comerlas el mismo día que se compran para que no pierdan sus nutrientes. Son ricas en proteínas , hierro y cinc.

VERDURAS Y HORTALIZAS

ESPÁRRAGOS REBOZADOS CON SALSA DE PIMIENTOS

INGREDIENTES

8 espárragos
8 lonchas de jamón cocido
1/2 litro de caldo
1 cebolla
2 dientes de ajo
1 pimiento verde
12 pimientos del piquillo
2 huevos
harina
aceite de oliva virgen extra
sal

ELABORACIÓN

Pica los ajos, la cebolla y el pimiento verde. Pon a dorar en una cazuela con un poco de aceite. Sazona.

Cuando cojan un poco de color, añade los pimientos del piquillo, una cucharada de harina y el caldo. Mezcla bien y cocina durante 3-5 minutos. Tritura con una batidora y pasa la salsa a una cazuela baja y amplia.

Corta los espárragos por la mitad a lo ancho y las lonchas de jamón a lo largo. Enrolla los espárragos con las lonchas de jamón. Pásalos por harina y huevo batido y fríelos en una sartén con aceite. Según se vayan dorando, pásalos a la salsa de pimientos.

Deja cocer un poco (3-4 minutos), sírvelos en una fuente y salsea. Decora con una ramita de perejil y pasa la salsa sobrante a una salsera.

Pica los ajos, la cebolla y el pimiento verde. Pon a dorar en una cazuela con un poco de aceite.

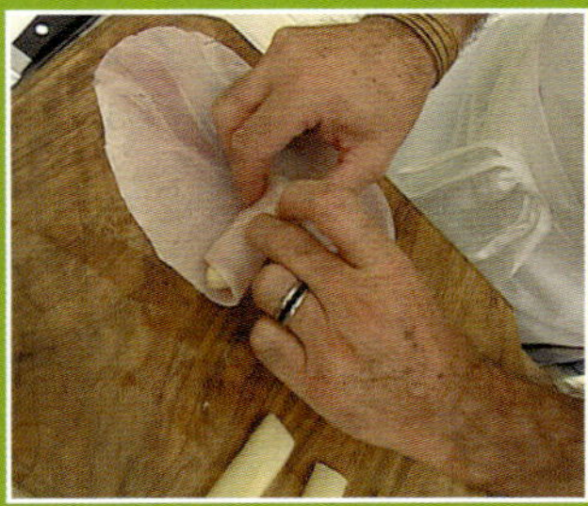

Enrolla los espárragos con las lonchas de jamón.

Pásalos por harina y huevo batido y fríelos en una sartén con aceite.

Según se vayan dorando, pásalos a la salsa de pimientos.

TEMPORADA

Verano

BEBIDA

Rosado

CONSEJO

Con estos ingredientes: 150 grs. de harina, 2 cucharadas de aceite ,1/2 vaso de cerveza y 1 clara de huevo podéis hacer un rebozado especial para vuestras verduras. Pon la harina haciendo un hueco en el centro, vierte el aceite, mezcla y añade la cerveza poco a poco. Deja reposar 2 horas y a continuación incorpora la clara removiendo un poco pero sin batir.

PUERROS EN VINAGRETA

INGREDIENTES

20 puerros
1/2 tomate
1 huevo cocido
1 cebolleta
1 pepino
agua
aceite de oliva virgen extra
vinagre
sal

ELABORACIÓN

Limpia bien los puerros, retirando las barbas y la parte verde. Pásalos por agua, eliminando todo el barro.
Ponlos a cocer en la olla rápida con agua y una pizca de sal. Cerrar la olla, y dejar cocer 4 minutos a partir de que empiece a salir el vapor. Retíralos, escúrrelos y colócalos en una fuente.
Para hacer la vinagreta, limpia y pela el tomate. Retírale las pepitas, trocéalo en daditos y colócalo en un bol. Pica el huevo y la cebolleta e incorpóralos. Vierte un buen chorro de aceite, vinagre y una pizca de sal. Mezcla suavemente y deja macerar durante 6-7 minutos.
En el último momento, pela el pepino, córtalo en rodajas finas y ponlas alrededor de la fuente de los puerros, decorando.
Salsea con la vinagreta.

Pon a cocer los puerros con agua y una pizca de sal.

Pica el huevo y la cebolleta.

Vierte un buen chorro de aceite, vinagre y una pizca de sal.

Salsea con la vinagreta.

TEMPORADA

Invierno

BEBIDA

Tinto del año

CONSEJO

El puerro resiste bien las inclemencias del tiempo, y aunque se consume durante todo el año, es en invierno y primavera cuando su sabor resulta óptimo. Los puerros son diuréticos y tienen capacidad para eliminar el ácido úrico, de manera que son buenos para las personas que padecen artritis o gota.

EMPANADILLAS RELLENAS DE ACELGAS Y JAMÓN SERRANO

INGREDIENTES

200 gr. de acelgas
100 gr. jamón serrano
12 zanahorias pequeñas o 3 grandes
12 obleas de empanadilla
1/4 l. leche
25 gr. harina
1 vaso de salsa de tomate
1 huevo
agua
aceite de oliva virgen extra

ELABORACIÓN

Limpia y pica las acelgas (hoja y penca) y cuece en una cazuela. Limpia las zanahorias, reservando el tallo, cuécelas en otra cazuela y resérvalas (en caso de que las zanahorias sean grandes, córtalas en 4 a lo largo).

Para hacer la bechamel pon un poco de aceite en una cazuela. Pica el jamón serrano y rehógalo en la misma. Echa la harina, rehoga brevemente y a continuación, vierte la leche lentamente sin dejar de revolver.

Añade las verduras a la bechamel y mezcla bien. Deja que se enfríe la masa.

Rellena las obleas con la masa y una zanahoria. Deja que sobresalga el extremo y ciérralas.

Coloca las empanadillas en la bandeja del horno, úntalas con huevo batido y hornéalas a 200°C durante 6 minutos.

Colócalas en una fuente y acompaña con la salsa de tomate.

Limpia las zanahorias, reservando el tallo.

Vierte la leche lentamente sin dejar de revolver.

Añade las verduras a la bechamel y mezcla bien. Deja que se enfríe la masa.

Rellena las obleas con la masa y una zanahoria.

TEMPORADA
Otoño

BEBIDA
Tinto del año

CONSEJO

Hay que intentar que los más jóvenes coman verduras. La presentación cumple una función fundamental para hacerlas más atractivas. Por eso es importante servir el plato decorado y en raciones pequeñas que les resulten agradables y tentadoras.

QUICHÉ DE PUERROS

INGREDIENTES

una lámina de hojaldre (200 gr.)
10 puerros pequeños
3 huevos
1 vaso de leche evaporada
8 langostinos
sal
pimienta negra molida
perejil picado

Para la salsa de pimientos:
1 pimiento morrón
1 l. de caldo de carne
1 cebolla
1 diente de ajo
aceite de oliva virgen extra
sal

ELABORACIÓN

Estira el hojaldre, ponlo en un molde de forma redonda y pínchalo. Coloca los bordes y hornea a 190ºC durante 15 minutos.
Pica la cebolla, el diente de ajo y el pimiento y ponlos a pochar en un cazo con un poco de aceite. Sazona y añade el caldo de carne. Déjalo cocer a fuego suave 15 minutos aproximadamente. Tritura y pasa todo por un chino.
Mezcla los huevos batidos con la leche evaporada, poniendo a punto de sal y espolvorea con perejil picado.
Intercala sobre el hojaldre los puerros cocidos y los langostinos pelados. Cubre con la crema y hornea hasta que cuaje, unos 20 - 25 minutos a 180ºC. Para terminar, espolvorea el quiché con perejil picado.
Sirve la tarta de puerros y langostinos acompañada con la salsa de pimiento.

Estira el hojaldre, ponlo en un molde de forma redonda y pínchalo.

Sazona y añade el caldo de carne.

Intercala sobre el hojaldre los puerros cocidos y los langostinos pelados.

Cubre con la crema y hornea hasta que cuaje, unos 20 - 25 minutos a 180ºC.

TEMPORADA
Invierno

BEBIDA
Tinto crianza

CONSEJO

Cuando compréis puerros debéis fijaros en que la parte blanca sea firme y sin manchas, y que la parte verde sea fresca: hojas bien verdes y brillantes. Cuando veáis puerros con buena parte de las hojas verdes cortadas hay que sospechar no solo que están viejos, si no lo bastante crecidos como para haber formado un tallo floral, con lo cual solo podremos utilizar unas pocas hojas.

VERDURAS CON SALMÓN AHUMADO

INGREDIENTES

200 gr. de salmón ahumado
100 gr. de judías verdes
1 puerro
1 pimiento rojo
1 pimiento verde
1 zanahoria
1 cebolla
1 alcachofa
1 calabacín
6 espárragos verdes
1 tomate
aceite de oliva virgen extra
sal
perejil

ELABORACIÓN

Limpia las verduras.

Corta el puerro, los pimientos, las judías y las cebollas en juliana fina; la alcachofa y el calabacín en láminas, los espárragos en 4 a lo largo. Pela la zanahoria y con ayuda de un pelador, córtala en tiras. Pela el tomate y córtalo en 4 rodajas.

Coloca toda la verdura en un bol, aliña con sal y aceite.
Calienta la plancha y haz las verduras.

Sirve las verduras en una fuente y cubre con las rodajas de salmón. Decora con una rama de perejil.

Corta el puerro, los pimientos, las judías y las cebollas en juliana fina.

Coloca toda la verdura en un bol, aliña con sal y aceite.

Calienta la plancha y haz las verduras.

Sirve las verduras en una fuente y cubre con las rodajas de salmón.

TEMPORADA
Primavera

BEBIDA
Blanco crianza

CONSEJO

Los expertos en nutrición han descubierto sustancias en el salmón que lo convierten de alguna forma en una alimento funcional "functional food" sano y natural. Entre ellos figuran los denominados ácidos grasos poliinsaturados omega-3, que refuerzan el organismo de diferentes maneras, así que no dudéis en consumirlo.

CARDO CON NUECES

INGREDIENTES

2 kgs. de cardo
3 cucharadas de harina
100 grs. nueces peladas
100 grs. jamón cocido
50 grs. de queso azul
1 vaso de caldo de carne
1 vaso de nata líquida
agua
sal
perejil picado

ELABORACIÓN

Retira las hojas externas del cardo y límpialo de pieles e hilos. Trocéalo y cuécelo durante 15 minutos en una cazuela con agua, una pizca de sal y la harina.

Para la salsa, pon en una cazuela el caldo, el queso y la nata. Sazona y deja reducir durante 10 minutos.

Casca, pela las nueces y reserva.
Corta el jamón cocido en tiras y reserva.

Sirve en el fondo de la fuente una capa de cardo, añade por encima unas tiras de jamón, repite la operación hasta terminar con el cardo y el jamón. Salsea y espolvorea con perejil picado y las nueces.

Retira las hojas externas del cardo y límpialo de pieles e hilos.

Para la salsa, pon en una cazuela el caldo, el queso y la nata.

Casca, pela las nueces y reserva.

Sirve en el fondo de la fuente una capa de cardo, añade por encima unas tiras de jamón.

TEMPORADA

Invierno

BEBIDA

Tinto crianza

CONSEJO

El cardo se come bien crudo en ensalada o cocido. Crudo es de sabor amargo parecido a la alcachofa. El cardo cocido se cuece en caldo blanco para evitar su oxidación es decir en agua con un poco de zumo de limón y harina.

COLIFLOR GRATINADA CON NUECES

INGREDIENTES

1 coliflor
2 patatas
4 dientes de ajo
300 grs. de nueces
150 grs. de tocineta
1/2 l. de caldo de verduras
2 cucharadas de harina
agua
aceite de oliva virgen extra
sal
perejil

ELABORACIÓN

Limpia bien la coliflor, retírale las hojas verdes y ponla a cocer en la olla rápida con un poco de agua. Pela las patatas, trocéalas en láminas gruesas y añádelas a la cazuela. Sazona, cierra la tapa y deja cocer durante 5 minutos, desde el momento que empiece a salir el vapor.
Para la veloute, pica finamente la tocineta y los ajos en láminas y ponlos a dorar en una cazuela con 3 cucharadas de aceite. Añade la harina y rehoga brevemente. Mezcla bien, sazona y añade el caldo poco a poco sin dejar de remover hasta que se cocine. Si queda muy espesa, añade un poco más de caldo. Pela las nueces, pica finamente la mitad e incorpóralas y reserva las otras.
Escurre las verduras, coloca la coliflor en el centro de una fuente resistente al calor del horno, dispón las patatas alrededor.
Napa la coliflor con la veloute e introduce en el horno a gratinar. Decora con el resto de las nueces y una ramita de perejil.

Limpia bien la coliflor, retírale las hojas verdes y ponla a cocer en la olla rápida con un poco de agua.

Mezcla bien, sazona y añade el caldo poco a poco sin dejar de remover.

Pela las nueces, pica finamente la mitad e incorpóralas y reserva las otras.

Napa la coliflor con la veloute e introduce en el horno a gratinar.

TEMPORADA
Otoño

BEBIDA
Tinto crianza

CONSEJO

Aunque se puede encontrar durante todo el año, la mejor época de la coliflor es otoño e invierno. Deben tenerse en cuenta su tamaño, peso y color. La cabeza ha de ser firme y compacta, de color blanco marfil y las hojas que la rodean deben ser tiernas. La presencia de manchas marrones y flores abiertas puede ser un indicativo de que la coliflor es demasiado vieja.

HOJALDRE CON VERDURAS

INGREDIENTES

2 láminas de hojaldre
8 espárragos verdes
1/2 calabacín
1 puerro
2 mollejas de pato confitadas
1 cucharada de semillas de amapola
1/4 l. de leche
1 cucharada de harina
1 huevo
aceite de oliva virgen extra
sal

ELABORACIÓN

Limpia los espárragos, el calabacín y el puerro. Corta los espárragos en 4 a lo largo, el calabacín en bastones y el puerro en 2 a lo largo y después en medias lunas. Pon todo a pochar en una sartén con un poco de aceite. Incorpora las mollejas troceadas y saltea brevemente.
Coloca en la bandeja de hornear, una lámina de hojaldre estirada, sirve encima las verduras.
Aprovecha el aceite de pochar las verduras, añade la harina, rehoga brevemente y vierte la leche poco a poco, sin dejar de batir hasta conseguir una bechamel ligera. Vierte la bechamel encima de las verduras. Cubre con la otra lámina de hojaldre. Une las láminas de hojaldre con huevo batido. Presiona los bordes con un tenedor. Unta toda la superficie con huevo batido.
Decora con unas tiras de hojaldre y espolvorea algunas partes con las semillas de amapola. Introduce en el horno durante 20 minutos. Sirve y adorna con una rama de perejil.

Pon todo a pochar en una sartén con un poco de aceite.

Coloca en la bandeja de hornear, una lámina de hojaldre estirada, sirve encima las verduras.

Vierte la bechamel encima de las verduras.

Decora con unas tiras de hojaldre y espolvorea algunas partes con las semillas de amapola.

TEMPORADA

Otoño

BEBIDA

Tinto del año

CONSEJO

Los pasteles de hojaldre son excelentes y sabrosísimos como entrada e incluso como plato principal. Además se pueden preparar con antelación y dejar para el último momento el montaje. A la hora de servir es importante que estén calientes y crujientes.

ALCACHOFAS RELLENAS DE GAMBAS

INGREDIENTES

12 alcachofas
36 gambas
1 cebolla
1 cucharada de harina
3 huevos cocidos
4 ajos
1 copa de brandy
agua
aceite de oliva
virgen extra
sal
perejil

ELABORACIÓN

Limpia las alcachofas retirándole las hojas exteriores. Ponlas a cocer en la olla rápida. En 5 minutos estarán listas. Deja que se templen y retira los corazones con una cucharita.
Pela las gambas y pon las cabezas a cocer en una cazuela con agua, sal y unas ramas de perejil hasta conseguir un fumet.
Pica la cebolla finamente y ponla a dorar en una cazuela con un poco de aceite. Añade 1 cucharada de harina y mezcla bien, vierte un vaso de fumet y los huevos cocidos, bien picados y deja cocer un poco.
Pela y pica los ajos. Ponlos a dorar en una sartén y agrega las gambas sazonadas. Saltea bien, vierte la copa de brandy y flambea. Vierte un poco del líquido resultante sobre la cazuela de la salsa y mezcla. Rellena cada alcachofa con 3 gambas. Colócalas en una fuente y salsea.

Limpia las alcachofas retirándole las hojas exteriores.

Pela las gambas y pon las cabezas a cocer en una cazuela con agua.

Pela y pica los ajos. Ponlos a dorar en una sartén y agrega las gambas sazonadas.

Rellena cada alcachofa con 3 gambas.

TEMPORADA

Invierno

BEBIDA

Rosado

CONSEJO

Para que no se rompan los huevos al cocerlos, tienes que ponerlos en la cazuela con el agua fría. Para pelarlos con facilidad tienes coger huevo por huevo y ponerlo debajo del grifo del agua fría durante un par de minutos antes de pelar.

CALABACINES RELLENOS EN PAPILLOTE

INGREDIENTES

2 calabacines medianos
3 zanahorias
2 puerros
100 gr. vainas
4 salchichas frescas
1 patata
14 ajos frescos
30 gr. de pistachos
30 gr. de almendras tostadas
agua
aceite de oliva virgen extra
sal
pimienta

ELABORACIÓN

Corta los calabacines por la mitad a lo largo y vacíalos sin romper. En una cazuela con agua pon a cocer la carne de los calabacines con la patata pelada. Sazona y vierte un chorrito de aceite. Deja cocer durante 15 minutos.
Cuando esté cocido, tritura con una batidora.
Pela la zanahoria, limpia las vainas y los puerros. Córtalos en juliana fina y coloca todo en un bol. Saca la carne de las salchichas y mézclala con las verduras. Salpimienta y rellena los calabacines.
Envuélvelos bien con papel de aluminio e introduce en el horno durante 15 minutos. Retira del horno y colócalos en una fuente. Espolvorea con los pistachos y las almendras picaditas.
En una sartén con un poco de aceite, saltea los ajos tiernos y ponlos sobre los calabacines. Sirve la salsa en una salsera.

En una cazuela con agua pon a cocer la carne de los calabacines con la patata pelada.

Saca la carne de las salchichas y mézclala con las verduras.

Envuélvelos bien con papel de aluminio e introduce en el horno durante 15 minutos.

Espolvorea con los pistachos y las almendras picaditas.

TEMPORADA
Invierno

BEBIDA
Rosado

CONSEJO

La piel de los calabacines es rica en betacaroteno por lo que siempre es recomendable consumirlos con piel sea en crudo, al vapor, asados o cocidos. Asegurándonos que estén bien limpios.

VERDURAS EN PAPILLOTE

INGREDIENTES

1 calabacín
2 patatas
3 puerros
2 zanahorias
12 ramilletes de brécol
12 ramilletes de coliflor
8 espárragos verdes
200 gr. de habas peladas
200 gr. de judías verdes
aceite de oliva virgen extra
sal

ELABORACIÓN

Pela las patatas y limpia el calabacín. Córtalos en rodajas finas. Limpia el resto de las verduras, corta las zanahorias en bastones, los puerros en tiras, las judías en rombos, el brocoli y la coliflor en ramilletes. Pela las habas y déjalas enteras. Retira la parte baja del tallo de los espárragos.

Corta 4 trozos de papel de aluminio y vierte sobre cada uno un chorrito de aceite, coloca encima una fila de rodajas de patata y otra de calabacín. Pon encima las habas, un par de ramilletes de brécol y de coliflor y unos bastones de zanahoria. Sazona e incorpora las vainas, las tiras de puerro y los espárragos cortados por la mitad a lo largo. Sazona nuevamente y vierte otro chorrito de aceite sobre las verduras.

Cierra cada paquete sellando bien los bordes para que el cierre sea hermético. Hornéalos a 225°C, durante 15 minutos.

Sirve cada paquete individualmente abriendo la parte superior en el momento de consumir.

Pela las habas y déjalas enteras.

Coloca encima del aluminio una fila de rodajas de patata y otra de calabacín.

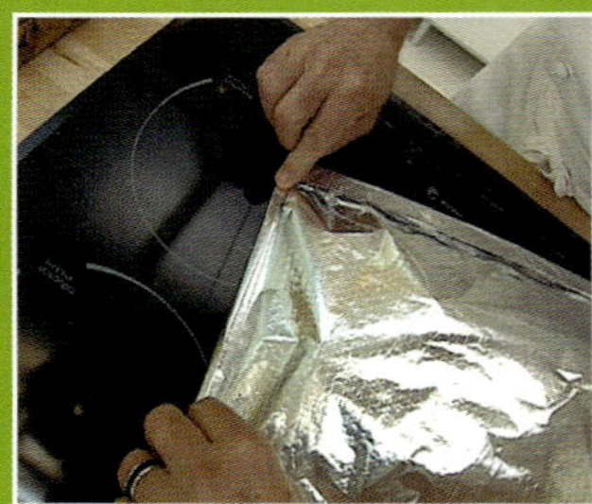

Cierra cada paquete sellando bien los bordes para que el cierre sea hermético.

Sirve cada paquete individualmente abriendo la parte superior en el momento de consumir.

TEMPORADA

Primavera

BEBIDA

Blanco crianza

CONSEJO

Para que un papillote salga bien, lo más importante es que el envoltorio quede herméticamente cerrado. También podéis poner especias al gusto, sin abusar en la cantidad, que siempre le dan mayor aroma y realzan los sabores de las verduras.

VERDURAS ASADAS AL HORNO

INGREDIENTES

2 pimientos rojos
2 berenjenas
5-6 cebolletas
8 espárragos verdes
3 dientes de ajo
aceite de oliva virgen extra
sal

ELABORACIÓN

Envuelve uno a uno los pimientos, las berenjenas y las cebolletas en papel de aluminio. Coloca los paquetes en la bandeja del horno, introdúcela en la parte baja del mismo, previamente calentado a 200°C. Deja que se ase entre 30 y 35 minutos.

Saca las verduras del horno. Retira los tallos de las berenjenas. Pela los pimientos, retirando la piel y las semillas. Córtalos en tiras a lo largo.

Coloca todo en una fuente, a un lado las cebolletas, en el centro las berenjenas y al otro lado los pimientos. Sazona con sal gruesa.

Pon un poco de aceite en una sartén, añade los ajos cortados en láminas y los espárragos en trozos de bocado. Saltea brevemente y vierte sobre las verduras.

Envuelve uno a uno los pimientos, las berenjenas y las cebolletas en papel de aluminio.

Pela los pimientos, retirando la piel y las semillas.

Sazona con sal gruesa.

Añade los ajos cortados en láminas y los espárragos en trozos de bocado.

TEMPORADA

Verano

BEBIDA

Rosado

CONSEJO

Este plato está inspirado en la escalibada catalana. Si os gustan mucho las verduras asadas podéis preparar una ración grande de verduras, guardarla en un recipiente hermético en la nevera e ir consumiéndola poco a poco, ya que se conserva en buenas condiciones durante una semana.

CREPES DE HABAS

INGREDIENTES

400 ml. de leche
200 gr. de harina
2 huevos
1/2 kg. de habas peladas
2 cebolletas
200 gr. de panceta ibérica
aceite de oliva virgen extra
agua, sal y perejil

Para el fondo de verduras:

1 diente de ajo
100 gr. de judías verdes
1 pimiento verde
1 cucharada de harina
1 vaso de vino blanco
1 vaso de agua
aceite de oliva virgen extra
sal

ELABORACIÓN

Desgrana las habas y ponlas a cocer en una cazuela con agua y una pizca de sal. En 10, 15 minutos estarán a punto.

Pon un poco de aceite en una sartén y pon a pochar el diente de ajo picado finamente, las judías y el pimiento cortados en juliana fina. Cuando esté pochado, agrega una cucharada de harina. Rehoga brevemente y vierte el vino blanco, el agua y una pizca de sal. Deja cocer durante 10 minutos.

Pon en una jarra la leche, el resto de la harina (reserva una cucharada), un poco de perejil picado, los huevos, una cucharada de aceite y bate bien con una batidora.

Calienta bien la sartén, vierte un poco de masa, espárcela bien por el fondo, cuando empiece a hacer burbujas, dale la vuelta para que se haga por los dos lados. Continúa de esta manera hasta terminar toda la masa.

Pica finamente las cebolletas y ponlas a dorar en una sartén con un poco de aceite. Cuando esté bien rehogada, agrega la panceta cortada en cuadraditos. Saltea brevemente hasta que se dore. Agrega una cucharada de harina, mezcla bien, incorpora las habas y saltea. Deja que se temple las habas y rellena las crepes. Sirve en una bandeja y coloca al lado las verduras.

Cuando esté pochado, agrega una cucharada de harina.

Calienta bien la sartén, vierte un poco de masa, espárcela bien por el fondo.

Saltea brevemente hasta que se dore. Agrega una cucharada de harina.

Deja que se temple las habas y rellena las crepes.

TEMPORADA

Primavera

BEBIDA

Sidra

CONSEJO

En Navarra y en La Rioja, cuando las habas son todavía pequeñas es costumbre degustarlas sin desgranar; es decir, con la vaina. Esta elaboración se conoce como habas con calzón, y resulta un plato muy fino.

PIMIENTOS RELLENOS DE CALAMAR

INGREDIENTES

16 pimientos del piquillo
3/4 kg. de calamares
2 cebollas
2 tomates
3 de dientes de ajo
1 vaso de vino blanco
aceite de oliva virgen extra
sal

Para la bechamel:

1/2 l. de leche
2 cucharadas de harina
aceite de oliva virgen extra
sal
nuez moscada

ELABORACIÓN

Limpia bien los calamares y reserva las tintas.
Pica los ajos, las cebollas y los tomates y ponlos a pochar en la olla rápida con un poco de aceite. Sazona y agrega los calamares limpios y el vino blanco. Cierra la olla y cocina todo junto durante 5 minutos. Retira los calamares y pícalos finamente.
Disuelve las tintas con un poco de sal y agrégalas a la salsa. Deja que hierva durante 5 minutos y tritura con la batidora.
Para la bechamel, pon el aceite en una sartén, agrega la harina y rehoga brevemente. Vierte la leche poco a poco sin dejar de remover. Añade una pizca de sal y otra de nuez moscada. Incorpora los calamares picados. Mezcla bien y deja templar la masa. Introduce la masa en una manga pastelera de plástico y rellena los pimientos. Colócalos en una placa de horno e introdúcela en el horno hasta que se calienten.
Sirve un poco de salsa negra en el fondo del plato y coloca encima los pimientos rellenos.

Limpia bien los calamares, pica los ajos, las cebollas y los tomates y ponlos a pochar en la olla rápida.

Disuelve las tintas con un poco de sal y agrégalas a la salsa.

Para la bechamel, pon el aceite en una sartén, agrega la harina y rehoga brevemente.

Introduce la masa en una manga pastelera de plástico y rellena los pimientos.

TEMPORADA

Verano

BEBIDA

Blanco afrutado

CONSEJO

Los pimientos del piquillo de Lodosa tienen una textura turgente, sin llegar a ser dura. Se caracterizan además por su sabor intenso, lleno, un poco dulzón, nada ácido y con recuerdo al asado. Carnosos y delicados. Cuando los aséis en su propio jugo, agregarles un par de cucharaditas de azúcar, les darán un toque almibarado inolvidable.

SORPRESAS DE ACELGA

INGREDIENTES

1/2 kg. de acelgas
2 patatas
2 cebollas
3 zanahorias
2 dientes de ajo
40 gr. de piñones
40 gr. de arroz
agua
4 cuadrados de pasta de hojaldre y recortes
1 huevo batido
aceite de oliva virgen extra
sal
perejil

ELABORACIÓN

Lava las acelgas y pica las pencas en dados y las hojas en juliana fina. Pela las patatas y pícalas en dados. Pon todo a cocer en una cazuela con agua y una pizca de sal. Cuando estén cocidas (10 minutos), escúrrelas, pásalas a un plato y reserva el caldo.

Pela y pica finamente las zanahorias y una cebolla. Añádelas junto con el arroz, a la cazuela del caldo, cuece durante 15 minutos y tritura con una batidora eléctrica.

Pica la otra cebolla y los dientes de ajo y ponlos a pochar en una sartén con un poco de aceite. Cuando se dore, agrega los piñones y saltea brevemente. Vierte sobre las acelgas y mezcla bien.

Extiende las láminas de hojaldre, unta con un pincel los bordes y rellénalos con la farsa. Ciérralos y aplasta los bordes con la punta de un tenedor. Unta la superficie superior con huevo batido y decora con los recortes de hojaldre. Coloca los hojaldres sobre una placa de horno forrada con papel de aluminio e introduce en el horno a 230°C, durante 12-15 minutos. Sirve la salsa en el fondo de la fuente y coloca encima los hojaldres. Decora con una rama de perejil.

Pon todo a cocer en una cazuela con agua y una pizca de sal.

Cuece durante 15 minutos y tritura con una batidora eléctrica.

Cuando se dore, agrega los piñones y saltea brevemente.

Extiende las láminas de hojaldre, unta con un pincel los bordes y rellénalos con la farsa.

TEMPORADA

Primavera

BEBIDA

Sidra

CONSEJO

Los piñones son un auténtico manjar con muchas proteínas pero también abundantes grasas. Aportan algo de fibra, mucha vitamina E y potasio. Este último es muy importante para el funcionamiento de las células y el tejido nervioso.

ARROCES

ARROZ EN SALSA VERDE

INGREDIENTES

200 gr. de arroz
2 cebolletas
10 ajos frescos
3 patatas
2 vasos de vino blanco
2-3 vasos de caldo
1 huevo cocido
aceite de oliva virgen extra
sal
perejil

ELABORACIÓN

Pela las patatas, córtalas en rodajas y fríelas a fuego fuerte en una sartén hasta que se doren.

Pica las cebolletas y corta los ajos frescos en trozos de unos 5 centímetros. Dóralos en una cazuela amplia y baja con 4 cucharadas de aceite. Incorpora las patatas.

Cuando esté rehogado, añade el arroz, mezcla bien y añade el vino blanco y el caldo. Sazona y espolvorea con perejil picado. Deja cocer durante 16-18 minutos.

Pela el huevo cocido, córtalo en 4. Decora la cazuela con los trozos de huevo y una rama de perejil.

Pela las patatas, córtalas en rodajas y fríelas a fuego fuerte.

Pica las cebolletas y corta los ajos y dóralos en una cazuela amplia.

Cuando esté rehogado, añade el arroz, mezcla bien y añade el vino blanco y el caldo.

Decora la cazuela con los trozos de huevo.

TEMPORADA

Primavera

BEBIDA

Blanco afrutado

CONSEJO

Cuando realizamos una actividad física "extra" debemos aumentar el consumo de alimentos ricos en hidratos de carbono, ya que al agotarse las reservas se produce un estado de fatiga que puede provocar incluso el desfallecimiento. Este plato es formidable para reponer fuerzas.

ARROZ CON CONEJO

INGREDIENTES

1 conejo
200 g de arroz
2 pimientos verdes
1 cebolleta
1 tomate
3 dientes de ajo
azafrán
pan rallado
agua
aceite de oliva virgen extra
sal
una ramita de perejil

ELABORACIÓN

Trocea el conejo (reservando el costillar) y sazónalo. Fríe los trozos en una tartera. Cuando el conejo esté dorado, retíralo a un plato y reserva.
Pica finamente los pimientos verdes, el tomate, la cebolleta y corta los ajos por la mitad. Ponlos a pochar durante 6-8 minutos en la misma tartera donde hemos frito el conejo.
Cuando esté pochada la verdura, incorpora los trozos de conejo y el arroz. Cubre con agua, (el doble y un poco más). Añade azafrán y sazona nuevamente y deja cocer durante 20 minutos aproximadamente. Cuando esté hecho, tápalo con un trapo limpio durante 5 minutos.
Corta el costillar de conejo en chuletillas, sazónalas y pásalas por pan rallado. Fríelas brevemente en una sartén con un poco de aceite. Retíralas a un plato forrado con papel de cocina para que absorba el aceite. Sirve el arroz en la misma tartera y las chuletillas en un plato, adornadas con una ramita de perejil.

Fríe los trozos de conejo en una tartera.

Pica finamente los pimientos verdes, el tomate, la cebolleta y ponlos a pochar.

Cuando esté pochada la verdura, incorpora los trozos de conejo y el arroz.

Corta el costillar de conejo en chuletillas, sazónalas, pásalas por pan rallado y fríelas brevemente.

TEMPORADA
Otoño

BEBIDA
Tinto del año

CONSEJO

El conejo se puede comprar entero o troceado.
Si se va a elegir un ejemplar entero, conviene adquirir aquellos que tengan la carne reluciente, ligeramente rosada, con el hígado rojo y la grasa alrededor de los riñones de color blanco.

ARROZ CON CHAMPIÑONES

INGREDIENTES

300 gr. de arroz
8 champiñones grandes
8 huevos de codorniz
1 puerro
1 cebolleta
2 dientes de ajo
8 espárragos verdes
caldo de verduras
agua
aceite de oliva virgen extra
sal
perejil

Para la provenzal

1 diente de ajo
2 cucharadas de pan rallado
un poco de perejil picado

ELABORACIÓN

Limpia los champiñones, separa los sombreros de los tallos.
Pica finamente el puerro, la cebolla y los ajos. Pon a pochar en una cazuela amplia con 3-4 cucharadas de aceite. Pica los tallos y añádelos. Agrega el arroz y vierte el doble y un poco más de caldo. Sazona y cocina a fuego suave durante 20 minutos. Cuando falten 5 minutos, añade los espárragos bien picados.
En una cazuela, pon agua a cocer. Cuando comience a hervir escalda los sombreros durante 3 minutos. Retíralos, escúrrelos y colócalos en una placa de horno. Casca sobre cada champiñón un huevo de codorniz. Sazónalos. Mezcla en un cuenco los ingredientes de la provenzal, espolvorea los champiñones de forma que la yema quede limpia y gratina en el horno durante 2-3 minutos.
Moldea el arroz con una taza y vuelca las 4 porciones sobre una fuente. Acompaña de los sombreros de champiñón. Decora con una rama de perejil.

Pica finamente el puerro, la cebolla y los ajos. Pon a pochar en una cazuela amplia con 3-4 cucharadas de aceite.

Cuando falten 5 minutos, añade los espárragos bien picados.

En una cazuela, pon agua a cocer. Cuando comience a hervir escalda los sombreros durante 3 minutos.

Casca sobre cada champiñón un huevo de codorniz .

TEMPORADA

Primavera

BEBIDA

Sidra

CONSEJO

Una vez lavados lo champiñones, conviene cocinarlos al momento para que no ennegrezcan. Si queréis conservarlos sin cocinar, los podéis colocar en un recipiente cubiertos por un trapo o papel absorbente en la nevera. De esta manera se conservan en perfectas condiciones varios días. Esto sólo se puede hacer si los champiñones están frescos, porque si no ennegrecerán.

ARROZ A LA CUBANA

INGREDIENTES

300 gr. de arroz
4 huevos
100 gr. de panceta
1/4 l. de salsa de tomate
4 dientes de ajo
4 plátanos
un poco de harina
aceite de oliva virgen extra
agua
sal
albahaca
4 hojas de perejil

ELABORACIÓN

Cuece el arroz durante 20 minutos en abundante agua hirviendo con una pizca de sal. Escurre, refresca y resérvalo en un plato.
Corta 2 dientes de ajo en láminas y ponlos a dorar en una cazuela con un poco de aceite. Agrega la panceta picada. Rehoga brevemente y vierte la salsa de tomate. Añade un poco de albahaca (1 cucharada de las de café). Cocina todo junto durante 5 minutos.
En una sartén dora los otros dos dientes de ajo picados. Cuando se doren, añade el arroz. Saltea y mezcla bien.
En otra sartén con abundante aceite, fríe los huevos. Pasa los plátanos por harina y fríelos en la misma sartén.
Unta cuatro tazas con un poco de aceite, coloca en el fondo una hojita de perejil, llénalos con el arroz y desmolda cada uno sobre un plato. Sirve al lado un huevo, un poco de salsa de tomate y un plátano frito.

Rehoga el ajo y la panceta y vierte la salsa de tomate.

En una sartén dora los otros dos dientes de ajo picados. Cuando se doren, añade el arroz.

En otra sartén con abundante aceite, fríe los huevos.

Pasa los plátanos por harina y fríelos en la misma sartén.

TEMPORADA
Primavera

BEBIDA
Blanco afrutado

CONSEJO

En la cocina es conveniente siempre tener a mano las especias y las hierbas aromáticas. Si no podéis tomar sal, las hierbas aromáticas son un buen sustituto ya que realzan el sabor de los alimentos. No hay que abusar en las cantidades de las especias.

FIDEOS DE ARROZ CON VERDURAS Y SALSA DE SOJA

INGREDIENTES

200 gr. de fideos de arroz
1/2 pimiento morrón rojo
2 zanahorias
2 cebollas moradas
1/2 calabacín
8 espárragos verdes
agua
1 cucharada de miel
2 cucharadas de salsa de soja
aceite de oliva virgen extra
sal

ELABORACIÓN

Limpia las verduras. Corta el pimiento, las zanahorias y el calabacín en bastones, las cebollas en juliana y los espárragos en tres, de forma que queden trozos de bocado.

Pon en una tartera unas 4 cucharadas de aceite, agrega la verdura, sazónala y deja que se dore bien. Cuando la verdura esté a punto, añade una cucharada de salsa de soja y otra de miel y mezcla todo.

Mientras tanto pon en una cazuela grande abundante agua para cocer los fideos. Cuando empiece a hervir, añade un poco de sal y agrega los fideos. Cuece durante 4 minutos, sin dejar de remover para que queden lo más sueltos posibles. Escurre y remójalos con agua fría para que dejen de cocer.

Mezcla las verduras con los fideos de arroz y añade la otra cucharada de salsa de soja. Sirve en una bandeja amplia.

Corta el pimiento, las zanahorias y el calabacín en bastones.

Añade una cucharada de salsa de soja y otra de miel y mezcla todo.

Cuece los fideos, escúrrelos y remójalos en agua fría

Mezcla las verduras con los fideos de arroz y añade la otra cucharada de salsa de soja.

TEMPORADA

Invierno

BEBIDA

Tinto del año

CONSEJO

Son muchos los beneficios que se atribuyen a la soja. Resulta interesante en la prevención de enfermedades cardiovasculares, es un alimento bien tolerado por los diabéticos y un excelente regulador intestinal, además de ayudar a regular los efectos de la menopausia.

RISSOTO CON GUISANTES Y HABAS

INGREDIENTES

400 gr. de arroz
1 l. de caldo de pollo
2 cebolletas
2 dientes de ajo
200 gr. de guisantes
200 gr. de habas
100 gr. de queso parmesano
aceite de oliva virgen extra
sal

ELABORACIÓN

Desgrana las habas y los guisantes.
Pica finamente las cebollas y los dientes de ajo. Ponlos a dorar en una cazuela con un poco de aceite.
Si tienes unas vainas de habas tiernas y pequeñas, límpialas, retírales los extremos y trocéalas en bastones de 2 centímetros e incorpóralos a la cazuela.
Agrega el arroz, sazona y rehoga brevemente. Vierte un poco del caldo caliente y remueve de vez en cuando para que el arroz se cocine absorbiendo el líquido poco a poco. Repite la operación sucesivamente hasta terminar con todo el caldo.
A los 14 minutos aproximadamente, incorpora los guisantes y las habas. Cuando esté hecho, añade la mitad del queso rallado. Sirve en una fuente y decora con unas láminas de queso.

Pica finamente las cebollas y los dientes de ajo. Ponlos a dorar en una cazuela con un poco de aceite.

Trocea las vainas en bastones de 2 centímetros e ncorpóralos a la cazuela.

Agrega el arroz, sazona y rehoga brevemente.

Cuando esté hecho, añade la mitad del queso rallado.

TEMPORADA

Primavera

BEBIDA

Blanco crianza

CONSEJO

Los italianos dicen que el risotto debe ser "legato", es decir, unido, ligado, lo que se consigue más fácilmente con un arroz que ceda lentamente almidón a lo largo de la cocción.

PASTAS

MACARRONES CON ESPINACAS Y SALSA DE ROQUEFORT

INGREDIENTES

300 gr. de macarrones
300 gr. de espinacas
150 gr. de roquefort
1/2 litro de nata
2 dientes de ajo
agua
aceite de oliva virgen extra
sal

ELABORACIÓN

Pon a cocer los macarrones en una cazuela con agua hirviendo, un chorro de aceite y una pizca de sal durante 10 - 12 minutos. Escúrrela, refréscala y resérvala.
Para la salsa, coloca en una cazuela la nata y el queso troceado y deja reducir hasta que espese.
Limpia las espinacas y pícalas en juliana fina.
Corta los ajos en láminas, dóralos en una sartén con un poco de aceite (2 cucharadas). Incorpora las espinacas, los macarrones, la salsa de roquefort y mezcla bien.
Coloca los macarrones en una fuente grande, pasa la salsa sobrante a una salsera y sirve.

Cuece los macarrones. Escurre, refresca y resérvalos.

Para la salsa, coloca en una cazuela la nata y el queso troceado y deja reducir hasta que espese.

Limpia las espinacas y pícalas en juliana fina.

Incorpora las espinacas, los macarrones, la salsa de roquefort y mezcla bien.

TEMPORADA
Invierno

BEBIDA
Tinto crianza

CONSEJO

Es conveniente cocer la pasta en abundante agua, como mínimo un litro por cada cien gramos de pasta. Así evitamos que se pegue o se apelmace, haciéndose una bola o quedando adherida en el fondo de la olla. Si agregamos una pizca de orégano al agua, la pasta tendrá un toque especial

CANELONES RELLENOS DE VERDURAS

INGREDIENTES

12 canelones
2 zanahorias
50 gr. de espinacas
250 gr. de coliflor
2 puerros (la parte blanca)
200 gr. de queso de oveja
agua, sal
aceite de oliva virgen extra
1 rama de perejil

Para la bechamel:

5 cucharadas de aceite de oliva virgen extra
40 gr. de harina
1/2 litro de leche
100 ml. de nata, sal
perejil picado

ELABORACIÓN

Para la bechamel, echa 5 cucharadas de aceite en una cazuela, añade la harina, rehoga y vierte la leche poco a poco sin dejar de batir. Sazona y espolvorea con perejil picado. Cuando esté hecha, tápala con film de cocina para que no se le forme costra.

Limpia y cuece las zanahorias, las espinacas y la coliflor por separado y pícalas. Pica finamente la parte blanca de los puerros y ponlos a pochar en una sartén con un poco de aceite. Cuando esté a punto agrega las verduras cocidas y saltea brevemente. Añade un poco de bechamel para que la masa quede más espesa y ligada. En una cazuela baja, pon abundante agua a cocer. Vierte un chorrito de aceite y una pizca de sal. Cuando empiece a hervir añade los canelones suavemente (uno a uno), deja cocer durante 10 minutos y escúrrelos. Pon nuevamente la bechamel al fuego, incorpora la nata y mezcla bien. Rellena los canelones con la mezcla y colócalos en un fuente refractaria. Nápalos con la bechamel, coloca encima el queso y gratina en el horno durante 5 minutos. Sirve y decora con una rama de perejil.

Para la bechamel, echa 5 cucharadas de aceite en una cazuela, añade la harina, rehoga y vierte la leche.

Pica finamente la parte blanca de los puerros y ponlos a pochar en una sartén.

Rellena los canelones con la mezcla y colócalos en un fuente refractaria.

Nápalos con la bechamel, coloca encima el queso.

TEMPORADA

Otoño

BEBIDA

Tinto del año

CONSEJO

Para que a la bechamel no se le forme costra, cuando esté recién hecha, coge un trozo de mantequilla o un poco de aceite y unta toda la superficie.

MACARRONES AL PESTO

INGREDIENTES

1/2 kilo de macarrones
8 hojas de albahaca fresca
3 dientes de ajo
100 gr. piñones
queso rallado
agua
aceite de oliva virgen extra
sal

ELABORACIÓN

En una cazuela amplia, pon a hervir agua con sal y una cucharada de aceite. Cuando rompa a hervir añade los macarrones, remueve al principio para que no se peguen. Cuece durante 12 minutos, escurre, refresca y reserva.

En un mortero maja los ajos, las hojas de albahaca y la mitad de los piñones. Cuando esté bien majado, añade 6 cucharadas de aceite y sazona.

En una sartén con un poco de aceite saltea el resto de los piñones con los macarrones. Colócalos en una fuente apta para el horno, deja un hueco en el centro para colocar el pesto. Espolvorea con el queso rallado y gratina en el horno durante 2-3 minutos.

Retíralos del horno y vierte un poco de salsa en el hueco. Pon el resto en una salsera y a la mesa.

Cuece durante 12 minutos los macarrones, escurre, refresca y reserva.

En un mortero maja los ajos, las hojas de albahaca y la mitad de los piñones.

En una sartén con un poco de aceite saltea el resto de los piñones con los macarrones.

Espolvorea con el queso rallado y gratina en el horno durante 2-3 minutos.

TEMPORADA
Verano

BEBIDA
Blanco afrutado

CONSEJO

El pesto es una salsa con claro sabor mediterráneode fácil elaboración. Se puede hacer con la batidora. Se tritura un ajo, una pizca de sal y de pimienta, dos cucharadas de piñones, unas hojas de albahaca, queso rallado y aceite de oliva. Este último se va añadiendo como si de una mayonesa se tratara.

LASAÑA DE CHAMPIÑONES

INGREDIENTES

350 gramos de champiñones
250 gramos de jamón serrano
1 cebolla
2 dientes de ajo
200 gr. de espinacas
250 gr. de queso ricotta
100 gr. de queso curado
1/2 litro de salsa de tomate casero
1 cucharita de albahaca
8 láminas de lasaña
50 gr. de queso parmesano rallado
agua
aceite de oliva virgen extra
sal
perejil

ELABORACIÓN

Pon abundante agua a cocer en una cazuela grande. Sazónala y añade un chorrito de aceite. Cuece las láminas de lasaña durante unos 12-15 minutos. Limpia y pica las espinacas. Cuécelas, escúrrelas y mézclalas con los quesos ricotta y curado. En una sartén pon a dorar la cebolla y los ajos finamente picados. Cuando tome color, añade el jamón cortado en taquitos, rehoga brevemente e incorpora los champiñones laminados. Cocina durante 5 minutos. Agrega la salsa de tomate y la albahaca. Coloca 2 láminas de lasaña sobre un molde de cristal apto para el horno, cúbrelas con relleno de espinacas y queso, tapa con 2 láminas de lasaña, pon encima el relleno de champiñones, cubre nuevamente con 2 láminas de lasaña, alterna las capas hasta terminar, dejando en la última capa el relleno de champiñones. Tapa el molde con papel de aluminio e introduce en el horno a 200°C, durante 10 minutos. Saca el molde, espolvorea con queso rallado y gratina durante 2 minutos. Decora con una rama de perejil.

Limpia y pica las espinacas. Cuécelas, escúrrelas y mézclalas con los quesos ricotta y curado.

Agrega la salsa de tomate y la albahaca.

Coloca 2 láminas de lasaña y cúbrelas con relleno de espinacas y queso.

Espolvorea con queso rallado y gratina durante 2 minutos.

TEMPORADA
Primavera

BEBIDA
Rosado

CONSEJO

Una vez elegido el tipo de pasta, en función de la forma de preparación, podemos adecuar las cantidades por persona: de 20 a 25 g de pasta menuda para sopas; de 40 a 45 g para menestras y potajes; de 80 a 100 para pasta de tenedor; de 3 a 4 placas de lasaña o canelones para rellenar.

LEGUMBRES

ALUBIAS CON PIERNA DE CORDERO

INGREDIENTES

400 grs. de alubias negras frescas
1 pierna de cordero deshuesada
2 cebolletas
1 puerro
2 tomates
1 zanahoria
1/2 berza
12-16 guindillas en vinagre
3 dientes de ajo
agua
aceite de oliva virgen extra
sal
perejil

ELABORACIÓN

Limpia la berza, pícala en juliana y ponla a cocer en una cazuela con agua, una pizca de sal y un chorrito de aceite.
Pon agua fría en la olla rápida, mete las alubias y la pierna de cordero deshuesada y atada. Pela los tomates y las zanahorias, retira las hojas externas de las cebolletas y el puerro y pica todo finamente. Incorpora las verduras a la olla rápida, sazona y riega con un buen chorro de aceite (3-4 cucharadas). Ciérrala y deja cocer durante 10-12 minutos.
Retira la pierna de cordero, retira las cuerdas y córtala en filetes. Sirve las alubias en una fuente, coloca encima los filetes de cordero. Decora con una ramita de perejil.
Cuela la berza y pásala a un plato. Filetea los ajos en láminas y dóralos en una sartén con aceite. Vierte encima el refrito. Pon las guindillas en vinagre en otro plato, sazona con sal gruesa y riégalas con un chorrito de aceite.

Limpia la berza, pícala en juliana y ponla a cocer en una cazuela con agua.

Pon agua fría en la olla rápida, mete las alubias y la pierna de cordero deshuesada y atada.

Retira la pierna de cordero, retira las cuerdas y córtala en filetes.

Vierte encima el refrito.

TEMPORADA
Otoño

BEBIDA
Tinto reserva

CONSEJO

Al llegar a casa después de hacer la compra hay que introducir la carne en el frigorífico, pero no olvidéis sacarla de las bolsas de plástico porque si la bolsa se cerró con un nudo o grapas el aire alojado en el interior actuará como aislante, impidiendo el enfriamiento rápido.

GARBANZOS CON CHORIZO

INGREDIENTES

350 gr. de garbanzos
200 gr. de tocino fresco
200 gr. de chorizo
1 cebolla
3 dientes de ajo
1 zanahoria
1 hoja de laurel
aceite de oliva
virgen extra
sal
agua

ELABORACIÓN

Pon los garbanzos a remojo de víspera. Pela y trocea la cebolla, la zanahoria y los ajos finamente. Pon todo a dorar en la olla rápida. Añade la hoja de laurel y rehoga todo brevemente.
Añade la panceta cortada en 4 trozos y sazona. Rehoga e incorpora los chorizos, los garbanzos y el agua. Es importante que el agua esté hirviendo para que los garbanzos no se encallen.
Cuando comience a hervir, retira la grasa y la espuma que se concentra en la parte superior. Cierra la tapa y deja cocer durante 15 minutos. Retira la tapa de la olla y desengrasa nuevamente.
Sirve el tocino y el chorizo (puedes cortar el chorizo en rodajas) en un plato y los garbanzos en otro recipiente, decorados con la hoja de laurel.

Pon a dorar la cebolla, la zanahoria y los ajos.

Rehoga e incorpora los chorizos, los garbanzos y el agua.

Cuando comience a hervir, retira la grasa y la espuma que se concentra en la parte superior.

Sirve el tocino y el chorizo.

TEMPORADA
Invierno

BEBIDA
Tinto del año

CONSEJO

El cocido es un alimento muy completo desde el punto de vista nutricional, ya que contiene albúminas (en las carnes), hidratos de carbono (en las legumbres, pasta de sopa o pan) y minerales (fósforo, hierro, cal, potasio, sodio y magnesio).No conviene abusar en su consumo y si es preciso se puede cocinar sólo con legumbres y verduras.

ALUBIAS BLANCAS CON PIMIENTOS

INGREDIENTES

400 gr. de alubias
1 cebolla
1 puerro
1 zanahoria
6 pimientos
2 dientes de ajo
1 l. de agua
1 cucharadita de pimentón
aceite de oliva
virgen extra
sal

ELABORACIÓN

Pon a cocer en una olla rápida las alubias (que estarán a remojo desde la víspera) con las verduras picadas. Añade un chorrito de aceite, una pizca de sal y cocina durante 15 minutos.

Limpia los pimientos y colócalos sobre la placa de hornear, introdúcelos en el horno a 180°C durante 20 minutos. Pela los pimientos en templado, córtalos en tiras y reserva.

Trocea uno de los pimientos y añádelo a las alubias cocinadas junto con una cucharadita de pimentón. Sirve las alubias en una fuente.

En una sartén con un poco de aceite saltea el resto de los pimientos y los dientes de ajo laminados. Sírvelos en un plato.

Pon a cocer en una olla rápida las alubias con las verduras picadas.

Pela los pimientos en templado, córtalos en tiras y reserva.

Añade un pimiento troceado a las alubias cocinadas junto con una cucharadita de pimentón.

En una sartén con un poco de aceite saltea el resto de los pimientos.

TEMPORADA

Otoño

BEBIDA

Tinto crianza

CONSEJO

Los guisos, antaño tan populares, de lentejas, garbanzos, judías, guisantes, habas... se reivindican hoy, y muy merecidamente, como saludables y nutritivos. La inclusión varias veces por semana de un plato elaborado con legumbres, sin grasas animales, en nuestra dieta la hace más saludable y equilibrada. Sobre todo en otoño e invierno.

LENTEJAS CON CONEJO

INGREDIENTES

1 conejo
200 gr. de lentejas
3 cebolletas
1 pimiento verde
4 dientes de ajo
1 hoja de laurel
agua
aceite de oliva
virgen extra
sal
pimienta

ELABORACIÓN

Pon de víspera las lentejas a remojo.

Limpia el pimiento y córtalo en trozos grandes, corta las cebolletas por la mitad y pela los ajos. Pon todo a pochar en una cazuela con 3-4 cucharadas de aceite.

Trocea el conejo, salpimiéntalo y fríelo en una sartén con un poco de aceite.

Cuando se dore un poco la verdura, incorpora las lentejas, la hoja de laurel y los trozos de conejo. Cubre con agua y deja cocer durante 35 minutos. Sirve en una fuente.

Pon a pochar el pimiento, las cebollas y los ajos.

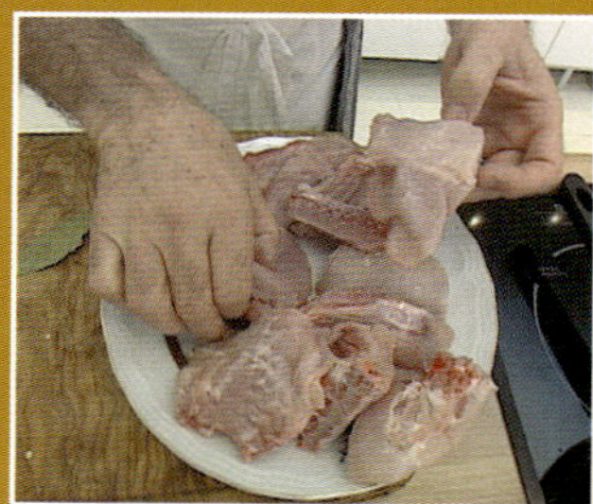

Trocea el conejo.

Fríelo en una sartén con un poco de aceite.

Cubre con agua y deja cocer durante 35 minutos.

TEMPORADA

Otoño

BEBIDA

Tinto crianza

CONSEJO

Las lentejas no están recomendadas para ciertos intestinos; si es tu caso, pásalas por el pasapurés y elimina, dentro de lo posible, la piel y sírvelas acompañadas de pan tostado. De esta forma te verás obligado a masticar el pan simultáneamente con el puré. Recuerda que la digestión comienza en la boca, a la hora de masticar y mezclar los alimentos con la saliva.

GARBANZOS CON BERBERECHOS

INGREDIENTES

300 gr. de garbanzos
1 cebolla
1 puerro
500 gr. de berberechos
1 cebolleta
2 dientes de ajo
1 pimiento verde
1/2 vaso de vino blanco
agua
aceite de oliva virgen extra
sal

ELABORACIÓN

Pon los garbanzos a remojo de víspera, retírales el agua y ponlos a cocer en agua caliente en la olla rápida. Agrega el puerro, la cebolla y un poco de sal. Cierra la tapa y cuece durante 10 minutos desde el momento en que empiece a salir el vapor.
Pon el vino en una sartén. Cuando esté caliente añade los berberechos. Tápalos y espera 2-3 minutos hasta que se abran. Retira las conchas y reserva la carne en un plato.
Pica la cebolleta, el pimiento verde y los ajos finamente. Ponlos a dorar en una sartén con un poco de aceite y sazónalo. Incorpora los berberechos y saltea brevemente.
Agrega el salteado a los garbanzos, mezcla bien y sirve en un recipiente adecuado.

Pon los garbanzos a cocer en agua caliente en la olla rápida.

Pon el vino en una sartén. Cuando esté caliente añade los berberechos.

Pica la cebolleta, el pimiento verde y los ajos finamente. Ponlos a dorar en una sartén.

Agrega el salteado a los garbanzos.

TEMPORADA

Primavera

BEBIDA

Rosado

CONSEJO

Hay que remojar los garbanzos durante 12 horas,
Los garbanzos se pueden cocinar acompañados de alga Kombu que neutraliza en gran medida el nitrógeno, causa fundamental de los gases.

GARBANZOS EN GELATINA CON FOIE

INGREDIENTES

4 rodajas de block de foie
10 gr. del alga agar-agar
1 vaso de salsa de tomate
12 rodajas de pan
sal
1 cucharadita de eneldo
pimienta negra
unas hojas de perejil

Para el caldo:

200 gr. de garbanzos
1/4 kg. gallina
1/4 kg. de zancarrón
1 hueso de rodilla
1 cebolla
1 puerro
1 y 1/2 l. de agua
sal

ELABORACIÓN

Pon a cocer en la olla rápida, la gallina, el zancarrón, el hueso, los garbanzos en red (remojados de víspera), la cebolla, el puerro y una pizca de sal, durante 20 minutos.

Cuando esté hecho el caldo, retira los garbanzos y pélalos. Pasa el caldo por un colador forrado con un trapo. Añade el agar-agar y mezcla bien hasta que se disuelva. Sirve en 4 moldes, 1 centímetro de caldo e introdúcelos en el congelador hasta que cuajen (10 minutos aproximadamente).

Coloca las rodajas de pan en una bandeja y tuéstalas en el horno. Añade al tomate una pizca de sal, un poco de pimienta y una cucharadita de eneldo. Deja macerar.

Retira los moldes del congelador, rellénalos con los garbanzos, vierte caldo hasta cubrir y coloca encima la rodaja de foie. Introduce en el frigorífico hasta que cuajen. Desmolda y sirve cada uno en una plato, salsea con salsa de tomate, acompaña con pan tostado y decora con una hoja de perejil.

Añade el agar-agar a el caldo y mezcla bien hasta que se disuelva.

Sirve en 4 moldes 1 centímetro de caldo.

Añade al tomate una pizca de sal, un poco de pimienta y una cucharadita de eneldo.

Rellena los moldes con los garbanzos, vierte caldo hasta cubrir y coloca encima la rodaja de foie.

TEMPORADA

Verano

BEBIDA

Blanco afrutado

CONSEJO

Agar agar es un derivado del alga gelidium. Es considerada como la mejor alga para espesar. Se comercializa, en copos y en hilos, que pueden consumirse simplemente remojados y añadidos a las ensaladas o para reemplazar a la gelatina. También puedes utilizar gelatina neutra o cola de pescado para espesar este plato.

PINTINOX
ITALY

SOPAS Y CREMAS

CREMA DE CALABACÍN

INGREDIENTES

2 calabacines grandes
1 cebolla
1 pimiento verde
4 cucharadas de arroz
1 1/2 litro de caldo de verduras
1/2 vaso de leche evaporada
100 grs. de huevas de trucha
2-3 láminas de pasta brick
aceite de oliva virgen extra
sal

ELABORACIÓN

Pica la cebolla y el pimiento y ponlos a pochar en una cazuela con aceite. Limpia bien los calabacines, corta medio en bastoncitos y reserva; pica el resto en trozos e incorpóralos. Rehoga brevemente, añade el caldo y el arroz. Deja cocer durante 20-25 minutos.

Tritura, incorpora la leche evaporada y mezcla. Pasa la crema a una sopera.

Pon un par de cucharadas de aceite en una sartén y pon los bastones de calabacín a pochar.

Mientras tanto, corta las láminas de brick en 4 , en la parte de la punta pon una cucharadita de huevas de trucha y envuélvelos. Cuando el calabacín esté bien pochado, retíralo, pásalo a una fuente, añade un poco más de aceite y fríe los paquetitos de brick. Escúrrelos sobre un papel de cocina absorbente y sírvelos alrededor de los bastones de calabacín. Presenta la crema en la sopera y la guarnición en una fuente.

Rehoga brevemente, añade el caldo y el arroz.

Pon un par de cucharadas de aceite en una sartén y pon los bastones de calabacín a pochar.

Corta las láminas de brick en 4 , en la parte de la punta pon una cucharadita de huevas de trucha y envuélvelos.

Sirve los paquetitos alrededor de los bastones de calabacín.

TEMPORADA

Primavera

BEBIDA

Blanco espumoso o de aguja.

CONSEJO

Hacer un caldo de verduras es muy fácil. Basta con cocer en una cazuela con agua un par de ramas de perejil, una zanahoria, la parte verde de unos puerros y un poco de sal. En 15 minutos tendréis un caldo perfecto para la crema de calabacín.

CREMA DE CEBOLLA Y QUESO FRITO

INGREDIENTES

4 cebollas grandes
1/2 barra de pan tostado
1 1/2 l. de caldo de ave
200 gr. de queso de cabra
3 obleas de pasta brick
aceite de oliva virgen extra
sal
perejil

ELABORACIÓN

Pela y pica las cebollas en trozos grandes y ponlas a pochar en una cazuela con 5 cucharadas de aceite. Añade una pizca de sal.

Cuando se dore, pica el pan y añádelo. Vierte el caldo y pon a punto de sal. Deja cocer durante 15 minutos.
Tritura con la batidora eléctrica y pásala a una sopera.

Corta cada oblea de brick en 4 y el queso en 12 trozos. Envuélvelos con el brick.

En el momento de servir, fríe los trozos de queso, escúrrelos sobre papel de cocina absorbente y colócalos en una fuente y adorna con una ramita de perejil.

Pon a pochar las cebollas. Añade el pan y vierte el caldo.

Corta cada oblea en 4 y el queso en 12 trozos. Envuélvelos con el brick.

Tritura con la batidora eléctrica y pásala a una sopera.

En el momento de servir, fríe los trozos de queso.

TEMPORADA

Invierno

BEBIDA

Tinto crianza

CONSEJO

Existen montones de trucos para no llorar al cortar las cebollas. El más eficaz consiste en sumergir durante 15 minutos las cebollas en agua caliente con un buen chorro de vinagre.

CREMA DE BERZA CON MORCILLA

INGREDIENTES

1 berza
4 patatas medianas
1 morcilla
8 rebanadas de pan
3 cebolletas
3 dientes de ajo
agua
aceite de oliva virgen extra
sal gorda
1/2 cucharilla de pimentón picante

ELABORACIÓN

Limpia y trocea la berza. Pela y trocea las patatas. Pon todo junto en una cazuela con agua a punto de hervir y sal gorda. Dejar cocer 8 min. a fuego medio. A continuación, pasa por la batidora y reserva.

Tuesta en el horno las 8 rebanadas de pan.

Pica las cebolletas y póchalas en una sartén con aceite.
Añade la morcilla cocida y picada sin piel y mezcla. Coloca la mezcla, con ayuda de una cucharilla, sobre las rebanadas de pan tostado.

Pica 3 dientes de ajo, fríelos en una sartén con un poco de aceite, deja templar y a continuación, añade el pimentón picante , mezcla y viértelo sobre la crema. Sirve la crema en una fuente y acompáñalo con el pan tostado y morcilla.

Pon la berza y las patatas en una cazuela con agua a punto de hervir.

Añade la morcilla cocida y picada sin piel a las cebolletas pochadas.

Coloca la mezcla sobre las rebanadas de pan tostado.

Fríe tres dientes de ajo en una sartén, añade el pimentón, mezcla y viértelo sobre la crema.

TEMPORADA
Invierno

BEBIDA
Tinto del año

CONSEJO

En Guipúzcoa es famosa la morcilla de mi pueblo, Beasain, compuesta de puerro, cebolla, especias, sangre y grasa de cerdo (tocino). Para cocerla correctamente, los miembros de la "Cofradía de la Morcilla" recomiendan hacerlo a fuego muy lento por espacio de una hora. Os animo a que la probéis, es un manjar.

SOPA DE AJO

INGREDIENTES

1/2 barra de pan tostado
6 dientes de ajo
1 cucharadita de pimentón
1 cucharadita de carne de pimiento choricero
1 huevo
aceite de oliva virgen extra
sal

Para el caldo:
2 puerros
1 zanahoria
4 dientes de ajo
unas ramas de perejil
1 1/2 l. de agua
sal

ELABORACIÓN

Limpia las verduras del caldo y ponlas a cocer en la olla rápida. Sazona, cierra la tapa y deja cocer durante 5 minutos.

Pon un poco de aceite en una cazuela, añade los dientes de ajo (pelados y enteros) y dóralos. Corta el pan de sopa en rebanadas finas e incorpóralas. Agrega la cucharadita de pimentón y rehoga brevemente.

Añade una cucharadita de carne de pimiento choricero y el caldo colado. Sazona y remueve bien con una varilla hasta deshacer el pan. Deja cocer durante 20 minutos.

Casca el huevo e incorpóralo. Mezcla bien con la varilla, pon a punto de sal y sirve en una sopera.

Limpia las verduras del caldo.

Dora los ajos e incorpora las rebanadas de pan. Agrega el pimentón y rehoga.

Añade una cucharadita de carne de pimiento choricero y el caldo colado.

Casca el huevo e incorpóralo.

TEMPORADA

Invierno

BEBIDA

Tinto crianza

CONSEJO

Para pelar los dientes de ajo, aquí tienes un truco. Sumerge los dientes durante 2 minutos en agua hirviendo, deja que se enfríen y pélalos. ¡Verás que fácil sale la piel!.

CREMA DE PUERROS CON BACALAO AHUMADO

INGREDIENTES

6 puerros
1 cebolla
2 patatas
150 gr. de bacalao ahumado
1 1/2 l. de caldo de verduras
4 rodajas de pan
aceite de oliva virgen extra
sal

ELABORACIÓN

Pon 4 cucharadas de aceite en la olla rápida. Pela, pica la cebolla y ponla a dorar. Limpia los puerros, pica cuatro de ellos e incorpóralos. Sazona, rehoga brevemente y añade las patatas peladas y troceadas.

Vierte el caldo, tapa la olla y deja cocer 5 minutos desde el momento en que empiece a salir el vapor. Tritura con la batidora eléctrica.

Pica los otros dos puerros en juliana fina y ponlos a dorar en una sartén con un poco de aceite. Cuando estén dorados incorpóralos a la crema junto con la mitad del bacalao cortado en trocitos. Sirve la crema en una sopera.

Fríe las rebanadas de pan en una sartén con aceite. Escúrrelos y coloca sobre cada pan una lámina de bacalao.

Dora la cebolla e incorpora los puerros a la olla.

Vierte el caldo.

Pica los otros dos puerros en juliana, ponlos a dorar e ncorpóralos a la crema.

Fríe las rebanadas de pan en una sartén con aceite.

TEMPORADA

Verano

BEBIDA

Blanco crianza

CONSEJO

El bacalao ahumado tiene un bajo contenido en grasa. Es de consistencia firme y fibrosa. Debido a su sabor se adapta perfectamente a cualquier aderezo.

CREMA DE CHAMPIÑÓN CON HIGADILLOS DE POLLO

INGREDIENTES

500 gr. de champiñones
1 cebolla
1 tomate
3 dientes de ajo
2 cucharadas de arroz
4 rebanadas de pan frito
2 hígados de pollo
1 1/2 l. de agua
aceite de oliva virgen extra
sal
perejil

ELABORACIÓN

Pica la cebolla, el tomate y 2 dientes de ajo. Ponlos a rehogar en una cazuela con 3 cucharadas de aceite.

Limpia los champiñones, retirándole la tierra del tallo. Filetea los champiñones(reserva 8) y agrégalos a la cazuela. Rehoga brevemente. Incorpora el arroz y vierte el agua caliente. Sazona y deja cocer a fuego suave hasta que se evapore por lo menos 1/2 litro (unos 30 minutos). Tritura con la batidora para conseguir una crema homogénea.

Filetea un ajo, los higadillos y los champiñones reservados anteriormente. Dora el ajo, incorpora los higadillos y los champiñones. Sazona y espolvorea con perejil picado. Saltea brevemente.

Unta las rebanadas de pan frito con un diente de ajo, colócalas en un plato y decora con una rama de perejil. Sirve la crema en una sopera y coloca encima el salteado.

Pon a rehogar la cebolla, el tomate y 2 dientes de ajo en una cazuela.

Filetea los champiñones (reserva 8) y agrégalos a la cazuela.

Dora el ajo, incorpora los higadillos y los champiñones.

Unta las rebanadas de pan frito con un diente de ajo.

TEMPORADA

Primavera

BEBIDA

Rosado

CONSEJO

Antiguamente los champiñones se pelaban pero en la actualidad los que se comercializan tienen la piel tan fina que no es preciso hacerlo. Basta con retirarles la tierra del tallo y pasarles un trapo húmedo en la zona del sombrero.

SOPA DE ESPINACAS Y AVENA

INGREDIENTES

400 gr. de espinacas
50 gr. de avena
1 1/2 l. de caldo de ave
1 pechuga de pollo
1 huevo
70 gr. de queso rallado
aceite de oliva virgen extra
sal
perejil picado

ELABORACIÓN

Cuece la pechuga de pollo en el caldo durante 5 minutos y resérvala.

Lava las espinacas y pícalas. Pon un poco de aceite en la olla rápida. Cuando se caliente, incorpora las espinacas. Deja que suden un poco y suelten su jugo, añade los copos de avena y el caldo. Sazona y mezcla bien. Pon la tapa y deja cocer durante 3-4 minutos desde el momento en que empiece a salir el vapor.

Pon el huevo crudo en un bol, sazónalo y espolvorea con perejil picado. Bátelo e incorpora el queso. Pasa la mezcla a una sopera y vierte encima la sopa.

Pica la pechuga de pollo y añádela.

Pon un poco de aceite en la olla rápida. Cuando se caliente, incorpora las espinacas.

Añade los copos de avena y el caldo.

Pon en un bol el huevo, la sal y el perejil. Bátelo e incorpora el queso.

Pica la pechuga de pollo y añádela.

TEMPORADA

Otoño

BEBIDA

Tinto del año

CONSEJO

La avena es el cereal más rico en proteínas y destaca por su riqueza en vitaminas del grupo B, así como en manganeso, magnesio y hierro. Es por lo tanto, un buen remineralizante y reconstituyente, adecuada para casos de estrés, agotamiento y anemia.

SOPA DE VERDURAS CON YEMA Y AZAFRÁN

INGREDIENTES

1 1/4 l. de caldo
75 gr. de fideo
2 cebolletas
1 pimiento verde
2 zanahorias
8 espárragos verdes
4 huevos
1 cucharadita de azafrán molido
aceite de oliva virgen extra
sal

ELABORACIÓN

Corta las verduras (cebolletas, pimiento verde, zanahoria y espárragos) en juliana fina y ponlas a pochar en una cazuela con un poco de aceite. Sazónalas.

Cuando estén pochadas, añade el caldo colado y déjalas cocer durante 15 minutos para que se mezclen los sabores.
Agrega los fideos y deja cocer durante 3 minutos más.

Casca los huevos y separa las claras de las yemas.
Sirve en cada plato una yema y vierte encima la sopa con cuidado.

Coloca en un bol, un poco de sal, un poco de azafrán y un par de cucharadas de aceite. Mezcla bien y salpica los platos.

Corta las verduras en juliana fina y ponlas a pochar en una cazuela.

Agrega los fideos al caldo y dejar cocer 3 minutos más.

Sirve en cada plato una yema y vierte encima la sopa con cuidado.

Mezcla en un bol un poco de sal, azafrán y aceite y salpica los platos.

TEMPORADA
Verano

BEBIDA
Rosado

CONSEJO

¡Tomad nota!.
Siete virtudes tiene la sopa: es económica, el hambre quita, sed da poca, hace dormir, digerir, nunca enfada y pone la cara colorada.

CREMA DE GUISANTES CON TROPEZONES

INGREDIENTES

3 kg de guisantes frescos
1 cebolla
1/4 de l. de leche
1 yema de huevo
200 gr. de queso de cabra
8 lonchas de tocineta
agua
aceite de oliva virgen extra
sal

ELABORACIÓN

Pon agua a cocer en una cazuela. Cuando empiece a hervir, añade los guisantes y una pizca de sal. Cuece durante 5 minutos.

Pica una cebolla finamente y ponla a pochar en otra cazuela con un poco de aceite hasta que quede dorada.

Tritura los guisantes y añade el puré a la cazuela con la cebolla pochada. Vierte la leche y un poco de caldo de cocer los guisantes hasta conseguir el espesor deseado. Fuera del fuego, añade la yema de huevo y bate hasta que quede una crema ligera y sabrosa.

Para los tropezones, corta el queso de cabra en trozos de bocado, envuélvelos con la tocineta y fríelos en una sartén con aceite. Sirve en una sopera y acompaña con los tropezones.

Pon agua a cocer. Cuando empiece a hervir, añade los guisantes y una pizca de sal.

Pica una cebolla finamente y ponla a pochar en otra cazuela.

Vierte la leche.

Corta el queso de cabra en trozos de bocado, envuélvelos con la tocineta y fríelos en una sartén.

TEMPORADA
Verano

BEBIDA
Sidra

CONSEJO

La crema de guisantes es una crema ligera que se suele utilizar mucho en primavera y verano como primer plato. Es sabrosa, y tiene un atractivo visual muy interesante. Además, en plena temporada de guisante, su coste resulta muy económico.

SOPA DE ARROZ Y VERDURAS

INGREDIENTES

100 gr. de arroz
2 cebolletas
1 puerro
1 tomate maduro
1 zanahoria
150 gr. de judías verdes
100 gr. de maíz cocido
2 huevos cocidos
1 1/2 l. de caldo de pollo
aceite de oliva virgen extra
sal
unas hebras de azafrán

ELABORACIÓN

Pica fina toda la verdura, ponla a pochar en una cazuela con un poco de aceite, sazona y agrega unas hebras de azafrán.

Cuando tome un poco de color, añade el caldo y cuando rompa a hervir, añade el arroz y déjalo cocer durante 15 minutos.

Añade el maíz y mezcla bien.

Pela y pica los huevos e incorpóralos.
Sirve en una sopera.

Pon a pochar la verdura picada en una cazuela con un poco de aceite.

Cuando tome un poco de color, añade el caldo.

Añade el maíz y mezcla bien.

Pela y pica los huevos e incorpóralos.

TEMPORADA
Otoño

BEBIDA
Tinto del año

CONSEJO

Podéis acompañar la sopa de picatostes. Para ello corta el pan en daditos y fríelos. Deja que se enfríen y guardalos en un bote de cierre hermético en el frigorífico. Se conservarán en perfecto estado durante un par de meses.

HUEVOS

HUEVOS A LA REINA

INGREDIENTES

4 huevos
150 gr. de jamón serrano
1 cebolla
1 berenjena
1 cucharada de harina
1 cucharada de salsa de tomate
1/2 vaso de vino blanco
1 vaso de leche
4 cucharadas de nata líquida
1 nuez de mantequilla
4 triángulos de pan frito
aceite de oliva virgen extra
sal
nuez moscada
perejil picado

ELABORACIÓN

Pica la cebolla finamente. Limpia la berenjena, córtala en 4 trozos a lo largo y después filetéala. Pon todo a pochar en una sartén con un poco de aceite, durante 5-6 minutos.

Cuando esté dorado, añade el jamón cortado en trozos de 3 centímetros. Dóralos un poco, agrega la harina y rehógala brevemente, añade la salsa de tomate, el vino, la leche y la nata. Ralla encima un poco de nuez moscada.

Vierte la mezcla en una fuente refractaria (que se pueda introducir en el horno), coloca encima los huevos, sazónalos y gratina en el horno durante 1-2 minutos.

Espolvorea con perejil picado. Unta una punta de los triángulos en la mantequilla e introduce la punta en el perejil. Coloca los panes para decorar.

Pon a pochar la cebolla y la berenjena.

Añade la salsa de tomate, el vino, la leche y la nata.

Vierte en una fuente refractaria y coloca encima los huevos.

Espolvorea con perejil picado.

TEMPORADA

Otoño

BEBIDA

Tinto crianza

CONSEJO

A la hora de elegir el sitio donde guardar los huevos, hay que tener en cuenta que su cáscara es porosa y que por tanto absorbe olores. Si queréis aromatizarlos, los podéis poner en un recipiente cerrado con una trufa. Disfrutareis de un nuevo aroma y sabor.

HUEVOS FRITOS "ADRIÁ"

INGREDIENTES

8 huevos
2 pimientos morrones
3 patatas
16 ajos tiernos
1 diente de ajo
aceite de oliva virgen extra
sal
perejil

ELABORACIÓN

Limpia los pimientos. Colócalos en la placa del horno, rocíalos con aceite, sazónalos e introdúcelos en el horno a 170ºC-180ºC, durante 35-40 minutos.
Pela las patatas, córtalas en patatas paja y ponlas en un bol con agua hasta el momento de freír. Pon abundante aceite en una sartén, caliéntalo bien y fríe las patatas. Resérvalas en un plato.
Pela los pimientos, córtalos en tiras finas. Pica el diente de ajo finamente y añádelo a los pimientos. Riega con dos cucharadas de aceite y sazona.
Casca los huevos, separa las yemas de las claras. Reserva las yemas y vete friendo las claras. Fríe en la misma sartén los ajos frescos. Pon las patatas en el fondo del plato, encima coloca las claras fritas y las yemas crudas. A un lado sirve algunas tiras de pimientos y al otro los ajos frescos. Decora cada plato con una ramita de perejil.

Pon abundante aceite en una sartén, caliéntalo bien y fríe las patatas.

Pela los pimientos.

Casca los huevos y vete friendo las claras. Fríe en la misma sartén los ajos frescos.

Pon las patatas en el fondo del plato, encima coloca las claras fritas y las yemas crudas.

TEMPORADA
Verano

BEBIDA
Tinto del año

CONSEJO

Este plato está basado en una idea que me dio mi amigo y colega Ferrán Adriá, para algunos el mejor cocinero del mundo. Él ha puesto de moda "la cocina de la de-composición" basada en realizar recetas tradicionales pero con una elaboración diferente, cocinando los ingredientes por separado.

PASTA CON CHAMPIÑONES Y HUEVOS

INGREDIENTES

400 gr. de pasta
250 gr. de champiñones
4 huevos
2 cebollas
2 dientes de ajo
200 gr. de jamón en daditos
agua
aceite de oliva virgen extra
un chorro de vinagre
sal
pimentón

ELABORACIÓN

Pela y pica la cebolla y los ajos finamente. Pon a dorar en una cazuela con 3-4 cucharadas de aceite. Cuando se doren, agrega el jamón picado en cuadraditos y rehoga brevemente. Limpia los champiñones, córtalos en 4 e incorpóralos. Guísalos durante 5 minutos aproximadamente.
En una cazuela grande pon abundante agua a cocer con un poco de sal. Cuando empiece a hervir añade los tallarines y un chorrito de aceite. Deja que se cuezan durante 10 minutos, escúrrelos y refréscalos.
Pon otra cazuela con 3 cucharadas de aceite, añade los champiñones y los tallarines y mezcla bien.
En otra cazuela baja, pon a cocer agua con un chorro de vinagre. Cuando empiece a hervir, baja el fuego y escalfa los huevos. Retíralos y escúrrelos bien. Sirve los tallarines en una fuente y coloca encima los huevos escalfados. Espolvorea los huevos con un poco de pimentón.

Limpia los champiñones, córtalos en 4 e incorpóralos a la cazuela.

Deja que se cuezan los tallarines durante 10 minutos.

Pon otra cazuela con 3 cucharadas de aceite, añade los champiñones y los tallarines y mezcla bien.

En otra cazuela baja, pon a cocer agua y escalfa los huevos.

TEMPORADA
Primavera

BEBIDA
Rosado

CONSEJO

Con el uso, los cubiertos de madera tienden a ennegrecerse. Para limpiarlos, sumérgelos de vez en cuando en un vaso de agua tibia mezclada con agua oxigenada.

TORTILLA DE PATATAS

INGREDIENTES

1 kg. de patatas
2 cebollas
1 pimiento verde
8 huevos
aceite de oliva virgen extra
sal

ELABORACIÓN

Pela las cebollas y las patatas.
Pica las cebollas en trozos no muy pequeños y ponlas a dorar en una sartén con abundante aceite.
Mientras tanto pica las patatas en dados, sazónalas y añádelas a la sartén. Agrega el pimiento picado en dados y fríe todo a fuego medio, removiendo de vez en cuando, hasta que se dore todo un poco. Retíralas y escúrrelas.
Prepara dos recipientes, bate en cada uno 4 huevos. Agrega a cada uno la mitad de las patatas, cebollas y pimiento.
Pon un poco de aceite en una sartén y vierte la mezcla anterior. Cuaja el huevo, primero a fuego vivo y después un poco más suave. Voltea la tortilla para que se dore por ambos lados y sirve caliente. (Repite la operación para hacer la segunda tortilla).

Pon a dorar las cebollas. Pica las patatas en dados, sazónalas y añádelas a la sartén.

Agrega el pimiento picado en dados y fríe todo a fuego medio.

Agrega a cada recipiente con huevo la mitad de las patatas, cebollas y pimiento.

Cuaja el huevo, primero a fuego vivo y después un poco más suave.

TEMPORADA
Verano

BEBIDA
Cava

CONSEJO

Este plato, junto con la paella, simboliza el espíritu culinario de España. Es económica, sencilla de hacer, se puede comer fría o caliente, como tapa o pincho, como entrante o como plato principal.
Si quieres darle un toque diferente le puedes agregar un diente de ajo picadito 5 minutos antes de retirar las patatas del fuego.

HUEVOS CON CEBOLLA Y TOMATE

INGREDIENTES

8 huevos
3 cebollas
1/4 l. de salsa de tomate
8 rodajas de queso
harina
agua
aceite de oliva virgen extra
vinagre
sal
perejil

ELABORACIÓN

Para la salsa de cebolla pon a pochar en una sartén con un poco de aceite con tres cebollas. Cuando estén bien doradas, tritúralas con una batidora.
En una cazuela con agua, un chorro de vinagre y una pizca de sal, escalfa los huevos.
Sirve los huevos en una bandeja, sobre 4 pon un poco de salsa de tomate y sobre los otros 4, salsa de cebolla.
Corta las lonchas de queso en 4 y coloca 2 trozos sobre cada huevo. Gratina en el horno durante 2 minutos aproximadamente.
Corta la otra cebolla en aros, pásalos por harina y fríelos en una sartén con aceite bien caliente. Sácalos y colócalos alrededor de los huevos. Decora con una ramita de perejil.

Pon a pochar en una sartén un poco de aceite con tres cebollas.

En una cazuela con agua, un chorro de vinagre y sal, escalfa los huevos.

Sirve los huevos en una bandeja.

Corta la otra cebolla en aros, pásalos por harina y fríelos.

TEMPORADA

Invierno

BEBIDA

Tinto crianza

CONSEJO

Dos huevos proporcionan 140 calorías, lo cual equivale a unos 350 g de leche y 50 g de carne. El huevo es un alimento de fácil digestión y asimilación, aunque no conviene abusar de él.

AJOS FRESCOS, HABITAS Y HUEVOS

INGREDIENTES

2 kg. de habas frescas
4 huevos
30 ajos frescos
1 cebolleta
1 tomate
hierbabuena picada
1 cucharada de harina
agua
aceite de oliva virgen extra
vinagre
sal
perejil picado

ELABORACIÓN

Pela y desgrana las habas. Ponlas a cocer en una cazuela con agua y una pizca de sal durante 5 minutos.

Pon un poco de aceite en una cazuela. Pica la cebolleta y ponla a pochar. Limpia y pica los ajos frescos en bastones de 5 centímetros e incorpóralos. Rehoga hasta que se dore un poco.

Pela el tomate, córtalo en dados e incorpóralo a la cazuela. Mezcla bien, sazona, agrega la hierbabuena picada y la harina. Rehoga brevemente y añade un poco del caldo (resultante de cocer las habas) y las habas.

En otra cazuela amplia pon agua a cocer con un chorro de vinagre. Cuando empiece a hervir, baja la temperatura del fuego y escalfa los huevos. Sirve el guiso de habas en una fuente y coloca encima los huevos escalfados. Espolvorea con perejil picado.

Pon las habas a cocer en una cazuela con agua.

Limpia y pica los ajos frescos e incorpóralos a la cazuela.

Añade un poco del caldo y las habas.

En otra cazuela amplia pon agua a cocer y escalfa los huevos.

TEMPORADA

Primavera

BEBIDA

Rosado

CONSEJO

Si algo hay imprescindible en la mayor parte de las cocinas, son los ajos. Si no os convence el gusto del ajo, podéis probar con los ajos frescos ya que el sabor es mucho más suave.

CARNES

REDONDO CON UVAS

INGREDIENTES

1 kg. de redondo de ternera
200 gr. de uvas blancas
200 gr. de jamón
3 cebollas
3 dientes de ajo
1 cucharada de harina
2 vasos de vino tinto
2 vasos de caldo
aceite de oliva virgen extra
sal
pimienta

ELABORACIÓN

Ata el redondo y salpimiéntalo. Pon aceite en una cazuela (4 cucharadas). Dóralo bien y guísalo durante 30 minutos a fuego suave.
Retira el redondo, e incorpora las cebollas picadas y los ajos pelados y enteros. Rehoga brevemente, añade la harina y mezcla bien. Vierte el vino y el caldo y cuece a fuego medio durante 15-20 minutos. Con una batidora tritura la salsa y pásala por un chino. Colócala nuevamente en la cazuela.
Corta el redondo en lonchas y colócalo en la cazuela.
Pica el jamón en tacos y rehógalo en una sartén con un poco de aceite. Separa las uvas del racimo, límpialas en un bol con agua y sécalas con papel de cocina. Incorpóralas a la sartén y saltea brevemente. Añade todo a la cazuela del redondo y cocina todo junto durante 10 minutos.

Retira el redondo, e incorpora las cebollas picadas y los ajos.

Tritura la salsa y pásala por un chino. Colócala nuevamente en la cazuela.

Corta el redondo en lonchas y colócalo en la cazuela.

Pica el jamón en tacos y rehógalo en una sartén con las uvas.

TEMPORADA

Invierno

BEBIDA

Tinto reserva

CONSEJO

El redondo es la pieza localizada en la cara externa y trasera de la pierna. Es una parte de la contra en contacto con la tapa, que presenta una forma cilíndrica y alargada, ligeramente triangular. Presenta una carne muy similar a la contra, aunque algo más tierna y menos seca.

MAGRAS CON TOMATE

INGREDIENTES

16 lonchas de jamón serrano
5 tomates
2 cebollas
4 dientes de ajo
azucar
4 huevos
1 pimiento morrón
1 pimiento verde
aceite de oliva virgen extra

ELABORACIÓN

Pela las cebollas y 2 dientes de ajo, pícalos y ponlos a pochar en una cazuela con 3 cucharadas de aceite.
Limpia los tomates y córtalos en dados. Añádelos a la cazuela, añade una pizca de azúcar y cocina a fuego medio durante 20-25 minutos. Pasa la salsa por el pasa purés y viértelo en una cazuela amplia y baja.
Limpia los pimientos y pícalos en juliana. Pela los otros 2 dientes de ajo y córtalos en láminas. Pon a pochar en una sartén con un poco de aceite. Cuando estén a punto, añádelos a la cazuela del tomate.
Mientras tanto, fríe brevemente (vuelta y vuelta) las lonchas de jamón en una sartén con un poco de aceite y agrégalas a la cazuela del tomate.
Casca los huevos y colócalos encima. Tapa la cazuela y cocina durante 3-4 minutos. Decora con una ramita de perejil.

Pela las cebollas, 2 dientes de ajo y los tomates, pícalos y ponlos a pochar en una cazuela.

Pon a pochar en una sartén los pimientos y los dientes de ajo.

Fríe brevemente las lonchas de jamón.

Casca los huevos y colócalos encima.

TEMPORADA
Verano

BEBIDA
Rosado

CONSEJO

Siempre es bueno tener salsa de tomate en casa. No tienes más que aumentar las cantidades cuando vayas a hacer salsa de tomate. La salsa sobrante la puedes guardar en el frigorífico durante 3 o 4 días o congelarla en tarros de cristal para cuando necesites.

SAN JACOBOS DE PIQUILLOS Y JAMÓN

INGREDIENTES

8 filetes de ternera
8 pimientos de piquillo
4 lonchas de jamón serrano
2 huevos
harina, pan rallado
4 dientes de ajo
aceite de oliva virgen extra
sal
pimienta negra

Para el puré y la salsa:

agua
4 patatas hermosas
1 nuez de mantequilla
1/2 limón
aceite de oliva virgen extra
sal, perejil picado

ELABORACIÓN

Pela las patatas y ponlas a cocer durante 15-20 minutos en una cazuela con agua y una pizca de sal. Cuando estén bien cocidas, escurre el agua y resérvala en un bol. Añade la mantequilla y el zumo de medio limón y mezcla bien. Pasa las patatas a una cazuela y aplástalas con un tenedor, añade el aceite y un poco de perejil picado. Mezcla bien.

Limpia bien los filetes retirando la grasas y gordos. Aplástalos bien con el cuchillo. Sazona 4 y colócalos sobre una superficie plana, pon sobre cada uno un pimiento del piquillo abierto y una loncha de jamón, cúbrelos con los otros 4 filetes. Salpimiéntalos y pásalos por harina, huevo batido y pan rallado.

Cuando estén empanados aplástalos nuevamente con el cuchillo y hazles unas marcas en zig-zag con el contra filo del cuchillo. Fríelos en una sartén con aceite y 4 ajos aplastados con piel.

Sirve el puré de patatas en una fuente, riega con un buen chorro de aceite y los San Jacobos en otra, nápalos con la salsa y sirve el resto en una salsera.

Pasa las patatas a una cazuela y añade el aceite y perejil picado.

Pon sobre cada filete un pimiento del piquillo abierto y una loncha de jamón.

Cuando estén empanados aplástalos nuevamente con el cuchillo.

Sirve en una fuente los San Jacobos.

TEMPORADA

Primavera

BEBIDA

Sidra

CONSEJO

Las patatas tienen carnes diferentes que resultan más o menos apropiadas para cada preparación. Para hacer patatas fritas las mejores son las de carne amarilla. Para el puré hay que elegir las de carne blanca harinosa. Para cocer y asar las más apropiadas son las patatas nuevas.

CROQUETAS DE JAMÓN SERRANO

INGREDIENTES

100 gr. de mantequilla
100 gr. de harina
200 gr. de jamón serrano
1 cebolleta
1 diente de ajo
1 l. de leche
1 rama de perejil

Para rebozar y freír:
harina
3 huevos batidos
pan rallado
aceite de oliva virgen extra

ELABORACIÓN

Pon en una cazuela a calentar la mantequilla cortada en dados. Mientras tanto pica la cebolleta y el diente de ajo. Cuando se funda la mantequilla pon la cebolleta y el ajo a pochar, incorpora el jamón picado y rehoga brevemente. Añade la harina y mezcla bien, vierte la leche poco a poco, sin dejar de remover. Trabaja la masa durante 20 minutos aproximadamente y espolvorea con perejil picado.
Extiende la masa en una fuente. Unta la superficie con un poco de mantequilla para que no se haga costra y déjala enfriar.
Cuando la masa este fría, corta y moldea las croquetas. Enharina, pasa por huevo y pan rallado y fríelas en aceite bien caliente.
Cuando estén hechas, retíralas de la sartén y escurre el exceso de aceite sobre un plato cubierto con papel absorbente de cocina. Sirve las croquetas y adórnalas con unas ramitas de perejil.

Cuando se funda la mantequilla,pon la cebolleta y el ajo a pochar incorpora el jamón picado.

Trabaja la masa durante 20 minutos.

Corta y moldea las croquetas en harina.

Fríelas en aceite bien caliente.

TEMPORADA
Verano

BEBIDA
Vermouth

CONSEJO

A la hora de freír las croquetas, el aceite debe cubrirlas completamente. Cuando adquieren un ligero tono dorado sácalas de la sartén y déjalas reposar sobre papel absorbente para que pierdan aceite y no queden grasientas.

GUISO DE CORDERO AL PIMENTÓN

INGREDIENTES

1 Kg. de cordero
2 vasos de vino blanco
2 tomates
50 grs. de almendra fileteadas
una cucharada de pimentón de la Vera
una pizca de comino
2 ramitas de orégano
8-10 clavos
aceite de oliva virgen extra
sal

ELABORACIÓN

Corta el cordero en trozos, sazónalo y dóralo en una sartén con aceite a fuego fuerte.

Pela y pica los tomates. En una cazuela pon un poco de aceite, echa los tomates picados, sal, una pizca de comino, 8 ó 10 clavos, 2 ramitas de orégano, los trozos de cordero dorados, 1 cucharada de pimentón y 2 vasos de vino blanco. Guisa a fuego lento durante 40-45 minutos.

En una sartén saltea las almendras fileteadas.

Coloca el guiso en un plato, salsea y finalmente, espolvorea con las almendras.

Corta el cordero en trozos, sazónalo y dóralo en una sartén.

En una cazuela pon un poco de aceite y echa los tomates picados y la sal.

Guisa a fuego lento durante 40-45 minutos.

En una sartén saltea las almendras fileteadas.

TEMPORADA
Invierno

BEBIDA
Tinto crianza

CONSEJO

Los pimientos cultivados en la Vera (Extremadura) gozan de un microclima privilegiado que dan lugar a tres tipos de pimentón: dulce, agridulce y picante. Según vuestros gustos, utilizad uno u otro.

LOMO DE TERNERA AL HORNO

INGREDIENTES

1.300 kg. de lomo de ternera
1/4 l. de vino tinto
1/4 litro de caldo de carne
1/2 kg. de hongos
1 cebolla
2 dientes de ajos
harina de maíz diluida en agua
aceite de oliva virgen extra
sal

ELABORACIÓN

Sazona el lomo con sal gruesa por los dos lados. Coloca la pieza de carne en una bandeja de hornear, rocía con aceite (4 –5 cucharadas), la mitad del vino tinto y la mitad del caldo.

Introduce en el horno (previamente calentado) a 200° C, durante 40 minutos. A los 20 minutos de cocción, añade el resto del vino y del caldo y deja asando en el horno durante otros 20 minutos.

Pela el ajo, filetéalo en láminas y ponlos a dorar en una sartén con aceite. Pela y corta la cebolla en juliana fina e incorpórala. Sazona y deja que se dore. Cuando la verdura esté pochada, añade los hongos limpios y troceados en mitades o cuartos (según el tamaño) y cocina a fuego suave hasta que estén hechos.

Cuando la carne esté hecha, pasa la salsa resultante a un cazo, ponla al fuego y añade un poco de harina de maíz refinada diluida en agua. Mezcla bien hasta conseguir el punto de espesor deseado. Corta la carne en filetes, colócalos en una fuente y salsea. Acompaña de los hongos.

Coloca la pieza de carne en una bandeja de hornear, rocía con la mitad del vino tinto.

Pocha la verdura, añade los hongos y cocina fuego suave.

Mezcla la salsa resultante de la carne con harina de maíz refinada diluida en agua y espesa.

Corta la carne en filetes y salsea.

TEMPORADA

Otoño

BEBIDA

Tinto reserva

CONSEJO

Para que el asado te quede perfecto, ten en cuenta lo siguiente:
- Calienta el horno antes de introducir la pieza de carne.
- No abras el horno continuamente, pero si ves que se está secando, rocíala con un poco de caldo.

CONEJO CON ALCACHOFAS

INGREDIENTES

1 conejo de 1,200 kg.
6 alcachofas
4 dientes de ajo
2 cebolletas
2 pimientos verdes
1 cuch. de harina
1 vaso de vino blanco
2 vasos de agua
aceite de oliva virgen extra
sal
pimienta

ELABORACIÓN

Trocea el conejo y salpimiéntalo.
Pela los ajos y córtalos por la mitad. Ponlos a dorar en una sartén con un poco de aceite. Añade el conejo y dóralo. Agrega la cucharada de harina y mezcla bien hasta que se disuelva.
Limpia las alcachofas, retirando el tallo, las hojas externas y la parte alta de las hojas. Trocea en cuatro e incorpóralas a la cazuela. Vierte el vino y el agua y guisa a fuego medio-alto durante 30 minutos.
Trocea los pimientos en rectángulos y las cebolletas en tiras. Ponlas a dorar en una sartén con un poco de aceite.
Sirve el conejo en una fuente y coloca encima los pimientos y las cebolletas salteados.

Pon a dorar el conejo con los ajos.

Limpia las alcachofas y trocéalas en cuatro.

Incorpóralas a la cazuela.

Trocea los pimientos en rectángulos y las cebolletas en tiras. Ponlas a dorar.

TEMPORADA
Primavera

BEBIDA
Cava

CONSEJO

Las alcachofas se pueden preparar cocidas como verduras, en menestra, crudas en ensalada, escaldadas y rebozadas, asadas, guisadas, estofadas con almejas, como complemento para arroces, en guisos de carne... En este caso es muy importante retirar bien las hojas externas de la alcachofa porque son muy duras y estropearían el guiso.

TAPAS DE JAMÓN Y QUESO

INGREDIENTES

250 gr. jamón
200 gr. de queso
"T. del Casar"
16 pimientos
verdes pequeños
20 rodajas de pan
1 tomate
10 aceitunas negras
2 tomates deshidratados
aceite de oliva virgen extra
vinagre de Módena

ELABORACIÓN

Con un cuchillo de sierra, corta el pan en rodajas. Colócalas en una placa de horno y tuéstalas en el horno, previamente calentado.
En una sartén con aceite, fríe los pimientos.
En otro bol, coloca un poco de vinagre de Módena y aceite y mezcla bien. Reserva.
Pica finamente los tomates deshidratados y las aceitunas, coloca en un bol y añade un poco de aceite. Mezcla bien y reserva.
Pela el tomate y córtalo en rodajas finas.
Sobre algunas rebanadas de pan, coloca una rodaja de tomate y encima una loncha de jamón. Coloca las tapas en un plato adornado con blonda. Aliña con un poco de la vinagreta de Módena y aceite. Sobre otras rebanadas, dispón un poco de "Torta del Casar" y alíñalas con la mezcla de aceitunas, tomate y aceite. Coloca los pimientos en un plato y encima pon unas lonchas de jamón.

Pica finamente los tomates deshidratados, coloca en un bol y añade un poco de aceite.

Sobre algunas rebanadas de pan, coloca una rodaja de tomate y encima una loncha de jamón.

Sobre otras rebanadas, dispón un poco de "Torta del Casar" y alíñalas con la mezcla.

Coloca los pimientos en un plato y encima pon unas lonchas de jamón.

TEMPORADA

Verano

BEBIDA

Tinto del año

CONSEJO

Para no tener que hacer rebanadas, un truco sencillo, es abrir la barra de pan por la mitad y poner las dos mitades a tostar en el horno. Después podéis untar una mitad con tomate, la otra con ajo, cubrir con el jamón, aliñar y finalmente trocear. Os aseguro que no quedarán ni las migas.

COCHINILLO ASADO

INGREDIENTES

1 cochinillo de 2 kg.
1/2 cabeza de ajos
perejil
1/2 vaso de vinagre
1 vaso de vino blanco
2 vasos de agua
sal

Para el puré de castañas:
1/2 kg. de castañas
1/2 copa de anís
agua

Para el puré de manzanas:
4 manzanas reineta
3 cucharadas de azúcar
agua

ELABORACIÓN

En un mortero machaca los dientes de ajo pelados con el perejil. Colócalos en una jarra, añade el vinagre, el vino y el agua. Mezcla bien y reserva. Coloca el cochinillo bien limpio por dentro y por fuera sobre una placa de hornear. Envuelve las orejas y la cola con papel de aluminio para evitar que se quemen. Sazónalo y vierte por encima un cucharón del majado. Hornéalo durante 2 horas 2 1/2 horas a 160 ° C. Durante la cocción, cada 15 minutos más o menos, añade más majado para evitar que se seque la carne. Para el puré de castañas, rájalas y cuécelas en agua durante 30 minutos . A continuación , pélalas y colócalas en una cazuela con media copa de anís y agua hasta cubrir. Deja cocer durante 10 minutos. Pásalo por el pasapuré. Para el puré de manzanas, pon el azúcar a caramelizar en una cazuela. Limpia las manzanas, córtalas en 8 gajos y retira el corazón. Cuando el azúcar esté caramelizado, añade los trozos de manzana, cubre con agua y deja cocer durante 10 minutos. Tritura y pasa por el chino. Una vez horneado el cochinillo, sácalo del horno y sírvelo en una fuente retirando el papel de aluminio. Reduce el caldo colado de la fuente de horno, calentándolo durante unos minutos. Acompaña este plato con los purés de manzana y castaña y con el caldo reducido servido en una salsera.

Coloca el cochinillo sobre una placa de hornear y vierte por encima un cucharón del majado.

Pela las castañas y colócalas en una cazuela con media copa de anís y agua.

Cuando el azúcar esté caramelizado, añade los trozos de manzana.

Reduce el caldo colado de la fuente de horno, calentándolo durante unos minutos.

TEMPORADA
Invierno

BEBIDA
Tinto reserva

CONSEJO

La salsa o jugo se sirve aparte en una salsera. No conviene salsear el cochinillo porque estropearíamos el punto crujiente de la piel.

ZANCARRÓN A LA JARDINERA

INGREDIENTES

800 gr. de zancarrón
3 patatas medianas
2 zanahorias
10 ajos frescos
10 espárragos verdes
150 gr. de champiñones
2 vasos de vino blanco
1 vaso de agua
10-12 granos de pimienta negra
1 cucharada de harina
aceite de oliva virgen extra
sal
1 ramita de perejil

ELABORACIÓN

Limpia y sazona el zancarrón y dóralo con un poco de aceite en la olla. A continuación, añade una ramita de perejil, los granos de pimienta negra, el vino blanco y el vaso de agua. Sazona y deja al fuego durante 40 minutos.

Pela y corta las patatas y dóralas en una sartén. Quita el aceite sobrante y reserva.

Limpia y trocea los champiñones, los ajos frescos, las zanahorias y saltéalos junto con las patatas. Añade la cucharada de harina y rehoga bien, agrega un vaso de caldo del zancarrón ponlo a punto de sal y déjalo cocinar unos 5 minutos.

Coloca las verduras en una fuente y pon encima el zancarrón fileteado. Antes de servir agrega un poquito de sal a la carne.

Limpia y sazona el zancarrón y dóralo con un poco de aceite en la olla.

Añade el perejil, la pimienta, el vino blanco y el vaso de agua.

Añade la cucharada de harina a las verduras salteadas.

Coloca las verduras en una fuente y pon encima el zancarrón fileteado.

TEMPORADA

Otoño

BEBIDA

Tinto del año

CONSEJO

El morcillo o zancarrón es la parte alta y carnosa de las patas traseras y delanteras del vacuno. La parte de esta pieza que tiene más nervio se llama en algunas zonas nervioso, para diferenciarlo del jarrete. Es una carne muy gelatinosa y tierna, muy adecuada para estofados y cocidos. También es buena para hamburguesas.

LOMO DE CERDO CON CHAMPIÑONES

INGREDIENTES

600 gr. de lomo fresco
400 gr. de champiñón en conserva
2 cebollas
1 vaso de leche
2 huevos
harina
aceite de oliva virgen extra
sal
perejil picado

ELABORACIÓN

Pica finamente las cebollas y ponlas a dorar en una cazuela con un poco de aceite (3-4 cucharadas).

Cuando esté bien dorada, vierte la leche y los champiñones y deja reducir.

Mientras tanto, filetea los filetes y salpimiéntalos, pásalos por harina y huevo batido y fríelos brevemente (vuelta y vuelta) en una sartén con aceite. Escúrrelos sobre un papel de cocina.

Sirve el lomo y acompaña de los champiñones. Espolvorea con perejil picado.

Cuando la cebolla esté dorada, vierte la leche y los champiñones.

Filetea el lomo.

Salpimiéntalos.

Pásalos por harina y huevo batido y fríelos brevemente.

TEMPORADA

Otoño

BEBIDA

Tinto Crianza

CONSEJO

El champiñón se puede comprar y consumir en fresco o en conserva. Siempre es interesante tener en la despensa un par de latas en conserva por si acaso se presenta cualquier invitado.

CONEJO A LA CERVEZA

INGREDIENTES

1 conejo de 1,5 kg
5 cebolletas
2 dientes de ajo
un poco de tomillo
1 cucharada de harina
1 copa de brandy
1 vaso de salsa de tomate
1/2 l. de cerveza
aceite de oliva virgen extra
sal
pimienta

ELABORACIÓN

Pica las cebolletas y los ajos. Pon 3-4 cucharadas de aceite en la olla rápida y pocha las verduras.

Trocea el conejo, salpimiéntalo, incorpóralo a la cazuela y dóralo un poco. Agrega la rama de tomillo y la harina y rehoga.

Vierte la copa de brandy y flambea. Agrega la salsa de tomate y la cerveza. Cierra la olla y deja cocer durante 10 minutos a partir del momento en que empiece a salir el vapor.

Saca el conejo a una fuente. Pasa la salsa por el pasa purés y el chino y salsea.

Pica las cebolletas y los ajos y póchalos.

Trocea el conejo, salpimiéntalo e incorpóralo a la cazuela.

Agrega la salsa de tomate y la cerveza.

Pasa la salsa por el pasa purés y el chino y salsea.

TEMPORADA

Primavera

BEBIDA

Cerveza

CONSEJO

Es muy útil tener en la despensa una botella de gaseosa, que no sólo sirve como bebida refrescante. Si un guiso os ha quedado salado, se le añade un chorrito de gaseosa, se deja reposar unos minutos, se remueve y listo. La sal habrá desaparecido.

BROCHETA DE CONEJO Y PLÁTANO

INGREDIENTES

1 conejo
3 plátanos
4 cebolletas rojas pequeñas
100 gr. de tocineta
7 dientes de ajo
2 pimientos morrones
12 tomates cherry
aceite de oliva virgen extra
sal
pimienta
perejil picado

ELABORACIÓN

Limpia los pimientos morrones. Colócalos sobre la placa de horno, riega con un chorro de aceite, espolvorea con un poco de sal e introduce en el horno a 180º, durante 40 minutos. Retira los pimientos, pélalos y córtalos en tiras. Pica un ajo finamente y añádelo. Riega con aceite y reserva. Con un cuchillo, saca los lomos del conejo y la carne de los muslos traseros, córtalos en trozos de bocado . Pela los plátanos y córtalos en 3. Envuelve cada trozo de plátano con media loncha de tocineta. Ensarta en cada palo de brocheta, un trozo de plátano envuelto, un trozo de conejo, una cebolleta, otro trozo de conejo y por último otro trozo de plátano envuelto. Colócalas sobre otra bandeja de horno. Aplasta 4 ajos (sin quitarles la piel) y colócalos al lado. Salpimienta las brochetas y riega con un chorro de aceite. Introduce en el horno a 200º C durante 20 minutos. Pica dos ajos en láminas y ponlos a dorar en una sartén con un poco de aceite, agrega los riñones cortados en láminas y los tomates cherry. Sazona, saltea brevemente y espolvorea con perejil picado. Sirve en una fuente las brochetas, riega con el jugo que han soltado, sirve al lado el salteado de tomates y acompaña con la ensalada de pimientos morrones.

Envuelve cada trozo de plátano con media loncha de tocineta.

Ensarta en cada palo de brocheta cada trozo.

Acompaña con la ensalada de pimientos morrones.

Pica dos ajos y ponlos a dorar en una sartén, agrega los riñones y los tomates cherry.

TEMPORADA

Verano

BEBIDA

Blanco afrutado

CONSEJO

Para dar más sabor al conejo, antes de asarlo se puede macerar. Para ello pon en un recipiente, 3 cucharadas de aceite, una hoja de laurel, un chorrito de limón, salpimiéntalo e introdúcelo en la mezcla. Déjalo en el frigorífico durante 1 hora . Si no tienes prisa, lo dejas macerando de un día para otro, cogerá más sabor y estará más jugoso

MANITAS DE CERDO EN SALSA

INGREDIENTES

4 manitas de cerdo
1 puerro
3 cebollas
2 pimientos verdes
5 dientes de ajo
1/2 l. de salsa de tomate
1 rama de tomillo
1 hoja de laurel
4 pimientos choriceros
4 lonchas de jamón serrano
agua
aceite de oliva virgen extra
sal
perejil

ELABORACIÓN

Pon las manitas en la olla rápida con un puerro, una cebolla, 3 dientes de ajos sin pelar y unas ramas de perejil. Sazona y deja cocer durante una hora, a partir del momento en que empiece a salir el vapor. Una vez cocidas las manitas, sácalas y reserva un poco del caldo resultante.
Pica las otras 2 cebollas y los pimientos en juliana y los 2 dientes de ajo en láminas. Ponlos a pochar en una cazuela con aceite. Agrega la hoja de laurel, la rama de tomillo y sazona.
Cuando las verduras estén doradas, agrega las manitas, la salsa de tomate, un poco del caldo y la carne de los pimientos choriceros (previamente remojados) bien picada. Deja cocer durante 10 minutos.
Corta las lonchas de jamón en tres y fríelas (vuelta y vuelta) en una sartén con un poco de aceite. Colócalas sobre las manitas. Espolvorea todo con perejil picado.

Pon las manitas en la olla rápida con un puerro, una cebolla., 3 dientes de ajo y el perejil.

Pica las otras 2 cebollas y los pimientos en juliana y los 2 dientes de ajo en láminas.

Deja cocer todo durante 10 minutos.

Corta las lonchas de jamón en tres y fríelas.

TEMPORADA
Invierno

BEBIDA
Tinto crianza

CONSEJO

Las manos de cerdo son piezas que carecen de carne magra y que tienen una piel más bien fina. Se caracterizan por tener gran cantidad de colágeno y tejido conjuntivo. A la hora de comprarlas deben presentar un color blanquecino y una piel suave y húmeda.

GUISO DE CERDO CON CIRUELAS Y NUECES

INGREDIENTES

3/4 kg. de magro de cerdo
2 cebollas
8 dientes de ajo
2 latas de cerveza
1 hoja de laurel
500 gr. de ciruelas pasas
1 copa de brandy
250 gr. de nueces
aceite de oliva virgen extra
sal
perejil

ELABORACIÓN

Corta la carne en tacos de bocado, salpimiéntalos y dóralos en una cazuela con 4 cucharadas de aceite. Retira la carne y resérvala.

Pica las cebollas, pela los ajos y déjalos enteros. Pon todo a dorar en la misma olla y sazona. Cuando esté dorada la verdura, añade la carne y la hoja de laurel. Vierte la cerveza. Guisa durante 30 minutos a fuego suave.

Cubre las ciruelas con el brandy y pela las nueces.

Pon un par de cucharadas de aceite en una sartén, incorpora las nueces y saltéalas. Agrega las ciruelas maceradas con el brandy y mezcla bien. Incorpora todo (nueces y ciruelas) a la cazuela del guiso y cocina durante 5 minutos. Sirve en una fuente y decora con una ramita de perejil.

Corta la carne en tacos de bocado, salpimiéntalos y dóralos.

Cuando esté dorada la verdura añade la carne, el laurel y v ierte la cerveza.

Fríe las nueces y ciruelas en una sartén.

Incorpóralas a la cazuela del guiso y cocina.

TEMPORADA
Otoño

BEBIDA
Tinto crianza

CONSEJO

Las ciruelas pasas son utilizadas en Europa desde la Edad Media. Su dulce sabor permite que sean idóneas para preparar salsas y acompañar carnes blancas o rojas.

HAMBURGUESAS ESPECIALES

INGREDIENTES

400 gr. de carne picada de vaca
200 gr. de carne picada de cerdo
6 ajos frescos
1 pimiento verde
200 gr. de champiñones
2 zanahorias
1 taza de arroz cocido
2 tomates
2 cucharaditas de pimentón dulce
aceite de oliva virgen extra
sal, pimienta, perejil

Para la ensalada:

Hojas de lechuga de roble
canónigos, cebolletas
aceite de oliva virgen extra
vinagre
sal

ELABORACIÓN

Pela las zanahorias, limpia el pimiento, los champiñones y los ajos. Pica todo finamente y saltea en una sartén con un poco de aceite. Cuando estén a punto añade el pimentón dulce.

Salpimienta las carnes y ponlas en un bol, mézclalas bien, agrega el arroz cocido y sigue mezclando.

Añade las verduras y un poco de perejil picado a la mezcla de carnes con arroz. Amasa con las manos. Forma las hamburguesas y cocínalas sobre una plancha con una gota de aceite. Corta los tomates en 4 rodajas y hazlas a la plancha. Sirve en el centro de una fuente amplia los tomates y alrededor coloca las hamburguesas. Decora con una rama de perejil.

Limpia la hoja de roble y los canónigos. Escurre bien y colócalas en un bol. Pica las cebolletas en tiras largas y aliña con aceite, vinagre y sal.

Añade el pimentón dulce a las verduras.

Salpimienta las carnes, agrega el arroz cocido y mézclalas bien.

Forma las hamburguesas y cocínalas.

Pica las cebolletas en tiras largas y aliña con aceite, vinagre y sal.

TEMPORADA

Verano

BEBIDA

Tinto de año

CONSEJO

El secreto de una buena hamburguesa radica en la calidad de la carne. Al darles forma, procura manipularlas lo menos posible, para evitar que se queden prietas "como la suela de una zapatilla".

OSSOBUCO

INGREDIENTES

4 rodajas de ossobuco
2 cebollas
2 zanahorias
3 dientes de ajo
1/2 l. de vino blanco
harina
2 cucharadas harina de maíz refinado
3 patatas
agua
aceite de oliva virgen extra
sal
pimienta

ELABORACIÓN

Salpimienta la carne. Pásala por harina. Pon 3 ó 4 cucharadas de aceite en una sartén y fríe en ella la carne. Pasa la carne a la olla rápida. Pela las cebollas, las zanahorias y los ajos. Pica todo finamente, dejando los ajos enteros y agrega a la olla. Vierte el vino y un vaso de agua. Tapa la olla y cuece durante 15 minutos, desde el momento en que empiece a salir el vapor.

Cuando esté hecho, retira las rodajas de ossobuco. Desgrasa la salsa, retirando la grasa con un cazo y tritura la salsa con una batidora. Disuelve la harina de maíz refinada en agua y añade a la salsa hasta conseguir el espesor deseado.

Pela las patatas y córtalas en patatas paja. Fríelas en abundante aceite caliente.

Coloca el ossobuco en una cazuela grande, añade la salsa y calienta todo al fuego durante 5 minutos. Sirve en una fuente amplia y salsea. Acompaña de las patatas paja.

Salpimienta la carne, pásala por harina y fríela.

Vierte el vino y un vaso de agua a la olla.

Tritura la salsa con una batidora.

Sirve en una fuente amplia y salsea.

TEMPORADA

Invierno

BEBIDA

Tinto crianza

CONSEJO

El ossobuco es el morcillo o zancarrón con hueso. Cuando lo vayáis a comprar es mejor que os lo troceen en ese momento, de esta forma os aseguraréis que este más tierno y os quedará más jugoso.

BRICK DE MORCILLA CON BOCADITOS DE CHISTORRA

INGREDIENTES

1 morcilla
150 gr. de chistorra
2 cebollas
2 dientes de ajo
12 pimientos verdes pequeños
4 láminas de pasta brick
1 huevo
agua
aceite de oliva virgen extra
sal
perejil
tiras de puerro

ELABORACIÓN

Pon agua en una cazuela, añade unas ramas de perejil y un poco de sal y pon la morcilla a cocer durante 20 minutos a fuego medio. Saca la carne de la morcilla.

Pica las cebollas y los dientes de ajo y ponlos a pochar en una sartén con un poco de aceite. Cuando esté bien pochado, mezcla con la carne de la morcilla Y deja que se temple.

Extiende las láminas de pasta brick, unta la superficie con huevo batido y rellena con la mezcla de morcilla y cebolla.

Ciérralos como si de una bolsita se tratara y anúdalas con una tira de puerro. Introduce en el horno a 180ºC, durante 5 minutos.

Limpia los pimientos, retírales la parte superior del tallo y rellénalos con la carne de la chistorra. Fríelos a fuego medio en una sartén con aceite. Calienta la salsa de tomate, sirve un tira gruesa en el centro de una bandeja, coloca encima los paquetes de morcilla y alrededor los bocaditos de chistorra.

Pica las cebollas y los dientes de ajo y ponlos a pochar.

Cuando esté bien pochado, mezcla con la carne de la morcilla.

Cierra las láminas de pasta como si de una bolsita se tratara y anúdalas con una tira de puerro.

Rellena los pimientos con la carne de la chistorra.

TEMPORADA

Otoño

BEBIDA

Tinto crianza

CONSEJO

En el mismo momento en el que vayamos a rellenar la pasta brick, la sacaremos de la bolsa ya que es una pasta muy delicada y si recibe un contacto con el aire se reseca y se hace imposible de manipular.

ALETA RELLENA

INGREDIENTES

800 gr. de aleta de ternera
8 pimientos del piquillo
3 huevos
5 lonchas de tocineta
3 lonchas de queso
1 cebolla
2 zanahorias
1 tomate
2 dientes de ajo
1/2 litro de vino blanco
30 granos de pimienta negra
1 escarola
8 rabanitos
agua
aceite de oliva virgen extra
sal
perejil

ELABORACIÓN

Bate los huevos, añade un poco de perejil picado y una pizca de sal y prepara una tortilla francesa. Abre la aleta, sazónala y coloca sobre una de las mitades, los pimientos abiertos por la mitad, la tortilla francesa, las lonchas de tocineta y las de queso. Enróllala suavemente y átala con cuerda de cocina. Pon un poco de aceite en una cazuela grande, dora la aleta. Aplasta los granos de pimienta con un cuchillo e incorpóralos junto con las verduras picadas (zanahorias, cebolla, tomate y dientes de ajo). Rehoga las verduras brevemente, vierte el vino blanco y agua hasta cubrir. Tapa la cazuela y guisa todo junto durante 40 minutos. Retira la carne, déjala enfriar y tritura las verduras con una batidora. Corta la carne en filetes, pásalas a una fuente amplia y caliéntalas en el horno. Sirve un poco de salsa con la carne y pasa el resto a una salsera. Limpia la escarola y los rabanitos. Colócalos en una fuente. Aliña con sal y aceite. Sirve para acompañar la carne.

Prepara una tortilla francesa.

Abre la aleta y coloca todo sobre una de las mitades.

Vierte agua hasta cubrir.

Corta la carne en filetes.

TEMPORADA

Verano

BEBIDA

Rosado

CONSEJO

La aleta o bajada de pecho esta en la parte baja del costillar y es una carne dura. Cuando cocinéis una carne un poco dura, conviene agregar a la cazuela cebolla, ajo, puerro, zanahorias para darle más jugosidad. Se cuece a fuego lento hasta que la carne esté tierna, agregando caldo si fuera necesario durante la cocción.

MENESTRA DE CORDERO

INGREDIENTES

1 kg. de paletilla de cordero
2 zanahorias
1 cebolla
8 patatas pequeñas
12 espárragos frescos
250 gr. de habas peladas
harina
1/4 l. de vino blanco
1/2 l. de agua
aceite de oliva virgen extra
sal

ELABORACIÓN

Salpimienta los trozos de cordero, pásalos por harina, fríelos brevemente en una sartén con aceite, hasta que cojan color.

Pela y pica finamente las zanahorias y la cebolla. Ponlas a pochar en la olla rápida junto con 2 hojas de laurel.

Cuando vaya tomando color, agrega las patatas peladas y los trozos de cordero. Vierte el vino blanco y el agua, sazona todo y cierra la tapa. Cocina durante 7 minutos. Destapa la olla.

Pela los espárragos y córtalos en tres e incorpóralos al guiso junto con las habas. Deja cocer 5 minutos mas sin tapar. Sirve la menestra en una fuente amplia.

Fríe los trozos de cordero.

Pon a pochar las zanahorias y la cebolla junto con 2 hojas de laurel.

Agrega las patatas peladas y los trozos de cordero.

Pela los espárragos y córtalos en tres e incorpóralos al guiso junto con las habas.

TEMPORADA

Primavera

BEBIDA

Tinto del año

CONSEJO

Si las salsa queda muy ligera, no será necesario engordarla con harina, basta con sacar una patata a un plato y aplastarla bien con un tenedor e incorporarla nuevamente.

LENGUA EN SALSA

INGREDIENTES

1/2 lengua de ternera
200 gr. de habas desgranadas
1 cebolla
2 zanahorias
1 tomate maduro
1 vaso de vino blanco
harina
huevo batido
agua
aceite de oliva virgen extra
sal

ELABORACIÓN

Cuece la lengua durante 35 minutos en la olla rápida con agua y una pizca de sal. Cuando esté cocida, deja que se temple un poco, pélala y córtala en filetes. Cuela el caldo y resérvalo.
En otra cazuela pon a cocer las habas con agua y una pizca de sal. En 15 minutos estarán a punto.
Pica la cebolla y las zanahorias. Pon a pochar en una cazuela con un poco de aceite y sazona. Cuando coja color, agrega el tomate pelado y picado. Cocina durante 5 minutos, añade una cucharada de harina y rehoga brevemente. Vierte el vino y un vaso del caldo resultante de cocer la lengua, agrega una cucharilla de romero y deja reducir. Añade las habas a la salsa.
Pasa la lengua por harina y huevo y fríela en una sartén con aceite. Coloca los filetes en una cazuela. Añade la salsa a la lengua y mezcla bien.

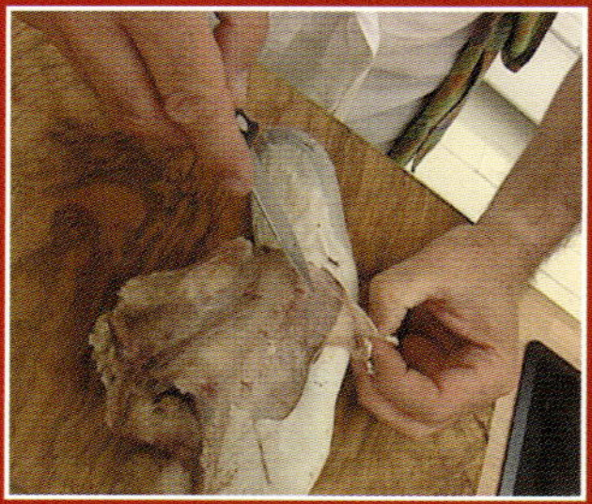
Pela la lengua y córtala en filetes.

Añade las habas a la salsa.

Vierte el caldo resultante de cocer la lengua.

Coloca los filetes en una cazuela y añade la salsa.

TEMPORADA
Primavera

BEBIDA
Rosado

CONSEJO

La lengua se puede adquirir cocida y lista para su consumo, con lo que se evita la tarea de eliminar los nervios y cartílagos antes de hervirla, y posteriormente retirar la piel, operaciones necesarias si se compra cruda.

PASTEL DE CARNE PICADA

INGREDIENTES

1/2 Kg. de carne de ternera
1/4 kg. de carne de cerdo
1 kg. de patatas
1 vaso de leche
1 cebolla
2 dientes de ajo
18 aceitunas
1/2 l. de salsa de tomate
50 gr. de queso rallado
agua
aceite de oliva virgen extra
sal
pimienta negra
perejil

ELABORACIÓN

Pela las patatas, trocéalas y ponlas a cocer durante 15-18 minutos en una cazuela con agua y sal.

Trocea las carnes en daditos y salpimiéntalas.

Pica finamente la cebolla y los dientes de ajo. Pon a dorar en una cazuela con un poco de aceite. Cuando se dore un poco, añade la carnes y las aceitunas picadas. Rehoga brevemente y vierte la salsa de tomate. Aplasta unos granos de pimienta y añádelos. Mezcla todo y sirve en una fuente apta para el horno.

Cuando las patatas estén cocidas, escúrrelas y pásalas por el pasapuré, vierte la leche, salpimienta, espolvorea con perejil y mezcla bien.

Cubre la carne con el puré, espolvorea con el queso rallado y gratina en el horno durante 4-5 minutos. Decora con una rama de perejil.

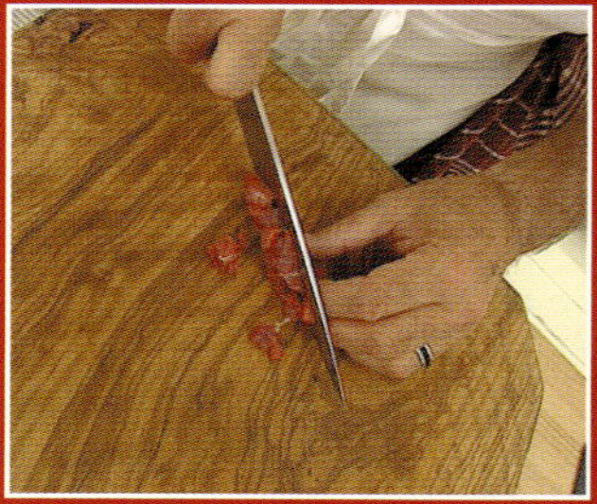

Pica las carnes en daditos.

Cuando se doren un poco la cebolla y los dientes de ajo, añade la carnes.

Rehoga brevemente y vierte la salsa de tomate.

Cubre la carne con el puré.

TEMPORADA

Verano

BEBIDA

Tinto de año

CONSEJO

Para cocinar la carne picada es importante utilizar un fuego a temperatura media. Si se cocina a fuego alto, la carne se pondrá dura y se secará. Si se cocina a fuego bajo, esto hará que la carne se cueza en su propio jugo y adquiera un color grisáceo.

CARRE DE CERDO A LA MIEL

INGREDIENTES

1 kg. de carré de cerdo
1 lata de paté
3 cebollas
2 zanahorias
5 dientes de ajo
2 vasos de vino blanco
2 cucharadas de miel
1 vaso de salsa de tomate
pimienta
2 ramas de tomillo
2 ramas de romero
agua
aceite de oliva virgen extra
sal
perejil

ELABORACIÓN

Limpia el carré. Despega la carne por la parte de las costillas sin cortar del todo. Retira la carne de las costillas hasta que queden limpias. Salpimienta, rellénalo con el paté y ciérralo sobre sí mismo. Átalo y colócalo en una bandeja de horno.

Pela las cebollas, las zanahorias y los ajos. Pica todo finamente. Coloca la verdura encima del carré. Pica las ramas de tomillo y de romero y espolvorea todo. Sazona, vierte el vino y un poco de agua e introduce en el horno a 180°C durante 40 minutos.

Pasa las verduras a una cazuela, agrega la salsa de tomate y la miel y deja reducir. Tritura con una batidora.

Corta el carré en filetes y colócalos en una bandeja. Sirve parte de la salsa en el centro de la fuente y pon el resto en una salsera. Adorna con una rama de perejil.

Ata el carré y colócalo en una bandeja de horno.

Coloca la verdura encima del carré.

Pasa las verduras a una cazuela, agrega la salsa de tomate y la miel.

Corta el carré en filetes.

TEMPORADA

Invierno

BEBIDA

Tinto reserva

CONSEJO

Las piezas enteras de carne se conservan mejor que las troceadas porque el contacto con el aire es menor. La carne de cerdo se mantiene bien en el frigorífico durante 2-3 días, aunque si esta picada no conviene tenerla más de 1 día. Si esta cocida se conserva bien durante 3-4 días entera y sin trocear. Siempre tapada para que no coja olores y no pierda aromas.

AVES

PALOMAS A LA CAZADORA

INGREDIENTES

4 palomas
2 cebollas
2 zanahorias
2 puerros
1 tomate
1 botella de vino tinto
1 vaso de agua
1 copita de brandy
1 hoja de laurel
1 ramita de tomillo
20 granos de pimienta negra
3 dientes de ajo
1/2 kg. de hongos
aceite de oliva virgen extra
sal

ELABORACIÓN

Una vez limpias las palomas, pica las verduras (cebollas, zanahorias y puerros) y ponlas a pochar en la olla rápida.
Añade la hoja de laurel, la ramita de tomillo y los granos de pimienta. Pela el tomate, trocéalo e incorpóralo. Sazona y deja que se dore un poco.
Introduce las palomas limpias y vierte el vino, el agua y el brandy. Cierra la tapa y deja cocer unos 40 minutos aproximadamente desde que empiece a salir el vapor.
Una vez que las palomas estén tiernas, colócalas en una fuente y pasa la salsa por un pasa-puré. Vierte la salsa sobre las palomas.
Filetea los ajos en láminas y dóralos en una sartén con aceite. Limpia los hongos, filetéalos e incorpóralos. Sazona y saltea brevemente. Sirve los hongos a un lado de las palomas.

Añade la hoja de laurel y la ramita de tomillo a la verdura.

Introduce las palomas limpias y vierte el vino, el agua y el brandy.

Vierte la salsa sobre las palomas una vez estén tiernas.

Dora los ajos en una sartén e incorpora los hongos.

TEMPORADA
Otoño

BEBIDA
Tinto reserva

CONSEJO

Hay que tener en cuenta que la carne de las palomas silvestres es algo más seca que las de granja, por lo que a la hora de cocinarlas conviene utilizar recetas que le aporten jugosidad y que la cocción sea más larga.

POLLO ASADO CON FRUTAS

INGREDIENTES

1 pollo
1 manzana reineta
10 ciruelas pasas
8 orejones
50 gr. de uvas pasas
3 dientes de ajo
2 vasos de caldo
12 chalotas
1 cucharada de harina de maíz refinada
agua
aceite de oliva virgen extra
sal
1 rama de perejil

ELABORACIÓN

Limpia y sazona el pollo por dentro y por fuera.
Corta la manzana en cuatro, pélala y retírale el corazón. Rellena el pollo con la manzana, las ciruelas, los orejones, las pasas y los dientes de ajo. Colócalo sobre una placa de horno, vierte encima un buen chorro de aceite (3 cucharadas) y el caldo. Introduce en el horno (previamente calentado) a 180°C, durante 45-50 minutos.
Pela las chalotas y confítalas a fuego suave en una sartén con un poco de aceite.
Cuando el pollo esté hecho sácalo del horno, vacíalo (retirando las frutas a un plato), pasa el caldo resultante a una cazuela y lígalo con una cucharada de harina de maíz diluida en agua. Para servir, coloca el pollo en el centro de una fuente, a un lado las frutas del relleno y al otro las chalotas.

Rellena el pollo con la manzana, las ciruelas, los orejones, las pasas y los dientes de ajo.

Pela las chalotas y confítalas a fuego suave en una sartén.

Cuando el pollo esté hecho sácalo del horno y vacíalo.

Coloca el pollo en el centro de una fuente, a un lado las frutas del relleno y al otro las chalotas.

TEMPORADA
Invierno

BEBIDA
Cava

CONSEJO

Para asar un pollo hay que untarlo con aceite, manteca o mantequilla. Si se va a rellenar hay que meter el relleno sin apretar demasiado porque quedaría pastoso.

MUSLOS DE POLLO CON PATATAS Y MANZANA

INGREDIENTES

4 muslos de pollo
4 manzanas reineta
3 patatas medianas
3 cebolletas
1 pimiento verde
3 dientes de ajo
1 vaso de vino blanco
1 vaso de caldo
harina de maíz refinada
agua
aceite de oliva virgen extra
sal
perejil picado

ELABORACIÓN

Pica las cebolletas en juliana fina, corta las patatas y el pimiento en rodajas y los ajos por la mitad.
Vierte un chorrito de aceite sobre la placa. Coloca las patatas, encima pon las cebolletas, el pimiento y los ajos.
Salpimienta los muslos y ponlos encima. Riega con un buen chorro de aceite, vierte el vino y el caldo. Limpia las manzanas y colócalas en las esquinas de la placa. Introduce en el horno a 200° C, durante 40 minutos.. A los 20 minutos, retira las manzanas y resérvalas en un plato.
Sirve en una fuente las patatas, los muslos de pollo y las manzanas.
Pasa la salsa resultante a una cazuela, dale un hervor y lígala con la harina de maíz refinada disuelta en agua. Añade un puñado de perejil picado y salsea todo.

Coloca las patatas sobre la placa, pon encima las cebolletas, el pimiento y los ajos.

Riega con un buen chorro de aceite, vierte el vino y el caldo.

Limpia las manzanas y colócalas en las esquinas de la placa.

Pasa la salsa resultante a una cazuela y lígala con la harina de maíz refinada disuelta en agua.

TEMPORADA

Primavera

BEBIDA

Rosado

CONSEJO

El pollo contiene casi toda la grasa en la piel. Si os preocupa el exceso de grasa, no tenéis mas que retirarle la piel antes de cocinarlo. Basta con agarrar la piel en la parte mas ancha del muslo y tirar bruscamente hacia abajo dándole la vuelta como si fuera un calcetín.

CODORNICES GUISADAS EN CALDERETA

INGREDIENTES

6 codornices
1 cebolla, 1 pimiento verde
1/2 pimiento morrón
3 dientes de ajo
4 patatas medianas
2 ramas de tomillo1 hoja de laurel
20 granos de pimienta
1 vaso de vino blanco
1 vaso de agua
1 cucharadita de pimentón dulce
aceite de oliva virgen extra , sal

Para el puré:

3 plátanos medianos
2 cucharadas de azúcar
aceite de oliva virgen extra
1 vaso de vino de Jerez

ELABORACIÓN

Pica finamente la cebolla, los pimientos y un diente de ajo. Rehoga todo en una cazuela con 4 cucharadas de aceite. Sazona para que sude. Salpimienta las codornices y añádelas a la cazuela. Dora un poco y vierte el vaso de vino y el de agua.

Pela las patatas, córtalas por la mitad e incorpóralas. Incorpora el tomillo, el laurel y los granos de pimienta.

Machaca en un mortero los otros 2 dientes de ajo, añade una cucharada de aceite y el pimentón. Vierte el majado a la cazuela, mezcla bien y guisa durante 25 minutos.

Para el puré, pela los plátanos y ponlos en una cazuela con una cucharada de aceite. Agrega el azúcar y el vaso de Jerez. Deja cocer durante 5 minutos y tritúralo. Sirve el puré en una salsera y la caldereta de codornices en una fuente.

Pica finamente la cebolla, los pimientos y un diente de ajo. Rehoga todo en una cazuela.

Salpimienta las codornices y añádelas a la cazuela.

Pela las patatas, córtalas por la mitad e incorpóralas. Añade el tomillo, el laurel y los granos de pimienta.

Pela los plátanos y ponlos en una cazuela con una cucharada de aceite, el azúcar y el Jerez.

TEMPORADA

Otoño

BEBIDA

Tinto crianza

CONSEJO

La carne de codorniz es una de las que menor aporte calórico presenta en comparación al resto de las aves. Es rica en proteínas, con un contenido incluso mayor que la carne de gallina, pollo o pavo. Además es pobre en colesterol y en grasa.

CODORNICES ASADAS

INGREDIENTES

8 codornices
8 dientes de ajo
8 ramas de tomillo
1 copa de brandy
1 patata
1 pimiento verde
1 pimiento rojo
8 espárragos verdes
8 cebolletas pequeñas
aceite de oliva virgen extra
sal

ELABORACIÓN

Limpia las codornices, retirando las tripas. Sazona por dentro y por fuera. Mete dentro de cada una, un diente de ajo sin pelar y una ramita de tomillo. Colócalas sobre una fuente de horno, rocía con un buen chorro de aceite e introdúcelas en el horno a 250° C. A los 10 minutos vierte por encima el brandy y deja asando 5 minutos más.

Pela la patata y con un cuchillo especial para cortar patatas onduladas, córtala en rodajas. Pon a freír en una sartén con aceite. Cuando estén casi hechas, añade los pimientos cortados en bastones gruesos, los espárragos verdes y las cebolletas. Rehoga durante 5 minutos.

Sirve la guarnición de verduras en una bandeja y coloca encima las codornices.

Con una paleta de cocina, rasca los restos de la bandeja de horno y salsea las codornices.

Coloca las codornices sobre una fuente de horno.

Pela la patata y con un cuchillo especial para cortar patatas onduladas córtalas en roajas.

Añade a la sartén los pimientos cortados en bastones gruesos, los espárragos verdes y las cebolletas.

Con una paleta de cocina, rasca los restos de la bandeja de horno y salsea las codornices.

TEMPORADA

Verano

BEBIDA

Sidra

CONSEJO

Si quieres un acompañamiento diferente, sencillo y muy apetitoso, toma nota: pela 24 dientes de ajo grandes y sanos. Colócalos en una fuente de horno con 75 gramos de grasa de pato o de oca y un poco de sal. Introduce en el horno a 100° durante 45 minutos y ¡a disfrutar!.

PECHUGA DE PAVO AL OPORTO

INGREDIENTES

1 pechuga de pavo de 600 gr.
3 zanahorias grandes
4 patatas medianas
8 chalotas
400 ml. de vino oporto
200 ml. de leche evaporada
150 gr. de guisantes
agua
harina de maíz
aceite de oliva virgen extra
sal
pimienta
tomillo
perejil

ELABORACIÓN

Salpimienta la pechuga, colócala en una fuente de horno y espolvorea con el tomillo. Vierte un chorrito de aceite e introduce en el horno a 200°C, durante 12-15 minutos.

Pela las zanahorias y las patatas y tornéalas. Cuécelas en un cazo con agua y una pizca de sal. Cuando lleven 10 minutos, escúrrelas. En una sartén con aceite, pon a pochar las chalotas. Cuando se doren, agrega las zanahorias, las patatas y los guisantes. Saltea brevemente a fuego fuerte y espolvorea con perejil picado.

En una cazuela pon el vino y la leche evaporada a reducir. Cuando empiece a hervir, agrega los guisantes y cuece durante 10 minutos. Lígalo con un poco de harina de maíz diluida en agua.

Corta la pechuga en rodajas y acompaña de las verduras salteadas. Salsea la carne y sirve el resto de la salsa en una salsera. Decora con una rama de perejil.

Salpimienta la pechuga, colócala en una fuente de horno y espolvorea con el tomillo.

Cuando se doren las chalotas, agrega las zanahorias, las patatas y los guisantes.

Reduce el vino y la leche evaporada, agrega los guisantes, cuece 10 min. y lígalo con la harina de maíz diluida.

Corta la pechuga en rodajas.

TEMPORADA

Invierno

BEBIDA

Tinto crianza

CONSEJO

Si preferís comprar el pavo entero, no hay problema porque la carne de pavo se puede congelar y conservar hasta 6 meses sin peligro de que su calidad baje.

VOLOVANES RELLENOS DE MOLLEJAS DE PATO

INGREDIENTES

800 gr. de hojaldre
6 mollejas de pato
3 cebolletas
6 ajos frescos
2 dientes de ajo
8 yemas
huevo batido
aceite de oliva virgen extra
sal
perejil

ELABORACIÓN

Estira el hojaldre y con un molde corta 16 círculos. De 8, saca 8 aros grandes y 8 círculos pequeños. Forra una bandeja de horno con papel de aluminio y coloca encima los círculos grandes, úntalos con huevo batido y pon encima los aros, unta nuevamente con huevo batido. Coloca los círculos pequeños aparte y úntalos con huevo. Hornea a 180ºC durante 25 minutos.
Pica las cebolletas en juliana fina, los ajos frescos en bastones y los dientes de ajo en láminas. Pon todo a pochar en una sartén con aceite. Cuando coja color, añade las mollejas fileteadas. Sazona y saltea todo. Retira los volovanes del horno, rellénalos con las mollejas y coloca encima de cada uno, una yema de huevo.
Introduce nuevamente en el horno a gratinar durante 1 minuto. Sirve en una fuente y decora con una rama de perejil.

Forra una bandeja de horno con papel de aluminio y coloca encima los círculos de hojaldre.

Pon las cebolletas, los ajos frescos y los dientes de ajo a pochar en una sartén.

Retira los volovanes del horno y rellénalos con las mollejas.

Coloca encima de cada uno, una yema de huevo.

TEMPORADA
Verano

BEBIDA
Rosado

CONSEJO

A la hora de servir los volovanes, conviene rellenarlos y calentarlos en el último momento, justo antes de llevarlos a la mesa.

PESCADOS

PASTEL DE PESCADO CON ALGAS

INGREDIENTES

1 perlón grande
16 langostinos
20 gr. de algas
4 huevos
1/4 l. de nata líquida
1/4 l. de salsa de tomate
4 cucharadas de mahonesa
4 hojas de lechuga
agua
sal
pimienta
perejil

Para el molde:
mantequilla
pan rallado

ELABORACIÓN

Pon las algas a remojo en un bol con agua.

Limpia el pescado, retirando la cabeza y las espinas, saca los lomos y ponlos a cocer durante 5 minutos en una cazuela con agua, una pizca de sal y una rama de perejil.

En un bol grande, pon los huevos, salpimiéntalos, bátelos bien, añade la salsa de tomate y la nata.. Desmenuza el pescado e incorpóralo. Finalmente añade las algas y 8 colas de langostinos, troceados. Mezcla suavemente y pasa todo a un molde alargado, previamente untado con mantequilla y espolvoreado con pan rallado. Introduce en el horno a baño María a 180º durante 40 minutos. Cuando esté frío desmolda y corta en rodajas.

Pela los otros 8 langostinos, sin quitarles la cola. Córtalos por la mitad a lo largo y cuécelos brevemente en una cazuela con agua hirviendo.

Para servir, coloca en el centro de la fuente las rodajas de pastel de pescado, en las esquinas pon las hojas de lechuga, y sobre cada una de ellas, un poco de mahonesa y un langostino. Los otros 4 langostinos colócalos entre las hojas de lechuga. Adorna con una rama de perejil.

Pon las algas a remojo en un bol con agua.

Pon los lomos a cocer.

Desmenuza el pescado e incorpóralo al bol con los huevos batidos la nata y el tomate.

Corta los otros 8 langostinos por la mitad a lo largo, sin quitarles la cola.

TEMPORADA

Verano

BEBIDA

Blanco afrutado

CONSEJO

Las algas han ocupado un lugar muy importante en la gastronomía oriental, en Europa han sido ignoradas durante muchos años. En este plato he utilizado una llamada Hijiki o Iziki. El Hijiki es un alga muy popular empleada como cura de rejuvenecimiento para la conservación del cabello y fortalecer las uñas. Se emplea como condimento de otros alimentos.

VIEIRAS GRATINADAS CON PROVENZAL

INGREDIENTES

8 vieiras
2 cebolletas
1 tomate
2 dientes de ajo
1 vaso de Brandy
1 lechuga
aceite de oliva virgen extra
sal

Para la provenzal:
3 cucharadas de pan rallado
1/2 cucharadita de perejil picado
2 dientes de ajo

ELABORACIÓN

Abre las vieiras, pásalas por el grifo para eliminar la arena, retira las telillas, separa los corales de los troncos y corta éstos en dos. Reserva.
Pica finamente las cebolletas y ponlas a pochar en una sartén con un poco de aceite. Pela el tomate, pícalo finamente e incorpóralo a la sartén. Deja pochar.
Pela y pica 2 dientes de ajo finamente. Incorpora las vieiras y saltéalas. Vierte la copa de brandy y flambea. Sirve en cada concha honda un poco de la fritada y encima pon un coral y un tronco (cortados en dos). Mezcla en un bol los ingredientes de la provenzal y espolvorea las vieiras. Calienta el horno y gratínalas durante 3 minutos. Limpia la lechuga, colócala en una fuente amplia y pon encima las vieiras.

Abre las vieiras, separa los corales de los troncos y corta éstos en dos.

Pon las cebolletas y el tomate a pochar en una sartén con un poco de aceite.

Pela y pica 2 dientes de ajo finamente. Incorpora las vieiras y saltéalas.

Sirve en cada concha honda un poco de la fritada y encima pon un coral y un tronco.

TEMPORADA
Otoño

BEBIDA
Cava

CONSEJO

Abrir las vieiras requiere cierta experiencia y algo de fuerza. Pero hay un truco para los novatos. Calentar el horno a 200° C e introducirlas. Cuando se abran (en 2 o 3 minutos) sacarlas. Limpio y sin riesgos.

CONGRIO A LA CERVEZA

INGREDIENTES

8 rodajas de congrio
1 cebolla pequeña
2 dientes de ajos
1 cucharada de harina
1 vaso de cerveza
1 cucharadita de pimentón
12 langostinos
aceite de oliva virgen extra
sal
perejil picado

ELABORACIÓN

Pica la cebolleta y los dientes de ajo. Pon a pochar en una sartén amplia con un chorro de aceite (3-4 cucharadas). Cuando se doren, añade la harina y el pimentón.

Mezcla bien y vierte la cerveza, espolvorea con perejil picado y deja reducir un poco.

Sazona las rodajas de pescado e incorpóralas a la cazuela. Deja que cuezan , 3-4 minutos por cada lado a fuego lento.

Pela los langostinos, sazónalos y saltéalos brevemente en una sartén con un poco de aceite. Pásalos a la cazuela con el pescado. Mezcla un poco y sirve, colocando las rodajas de pescado en el centro y los langostinos a los lados.

Pica la cebolleta y los dientes de ajo. Cuando se doren, añade la harina y el pimentón.

Mezcla bien y vierte la cerveza.

Sazona las rodajas de pescado e incorpóralas a la cazuela.

Pela los langostinos, sazónalos y saltéalos brevemente.

TEMPORADA

Otoño

BEBIDA

Vino blanco afrutado

CONSEJO

La cabeza de congrio es muy apropiada para preparar caldos y sopas. Es más sabrosa y barata que la de otros pescados. Es muy rica proteínas, minerales y yodo.

GALLO CON CARACOLILLOS

INGREDIENTES

4-5 gallos
500 gr. de caracolillos
1 cebolleta
1 pimiento verde
2 dientes de ajo
1/2 pimiento rojo
1 cucharada de harina
agua
aceite de oliva virgen extra
sal
pimienta

ELABORACIÓN

Filetea los gallos, sazónalos y enróllalos sobre si mismos con la parte de la piel hacia dentro y reserva. Pon agua a hervir en una cazuela, añade las cabezas, las espinas, una rama de perejil y una pizca de sal y deja cocer unos 10 minutos hasta conseguir un caldo.

Cuece los caracolillos en una cazuela con 1 cucharada de sal. Déjalos enfriar, sácales la carne y resérvalos.

Pica finamente la verdura (cebolleta, pimiento verde y rojo y ajos) y ponla a pochar en una cazuela con un poco de aceite. Cuando esté dorada, añade la harina, mezcla bien y vierte 1 vaso y medio del caldo de pescado. Incorpora la carne de los caracolillos y deja reducir.

Coloca las popietas o rollitos de pescado en una fuente de horno, salpiméntalos, riégalos con un chorro de aceite y con un poco del caldo de pescado o fumet. Introduce en el horno a 190° durante 3-4 minutos.

Coloca en el fondo de una fuente la salsa, coloca encima las popietas y sirve el resto de la salsa en una salsera.

Filetea los gallos, sazónalos y enróllalos sobre si mismos.

Cuece los caracolillos en una cazuela.

Pon a pochar la verdura, cuando esté dorada, añade la harina.

Coloca los rollitos de pescado en una fuente de horno y riégalos con un poco del caldo de pescado.

TEMPORADA

Primavera

BEBIDA

Blanco

CONSEJO

Solo deben cocinarse los caracolillos que estén vivos y con la concha intacta. Es aconsejable cocer los caracoles durante 1 minuto porque si se cuecen mas tiempo, se vuelven duros y son más difíciles de extraer de la concha.

RAPE ALANGOSTADO

INGREDIENTES

1,5 kgs. de lomo de rape
100 grs. de pimentón dulce
unas hojas de lechuga
agua
sal

Para la salsa rosa:

1 taza de mahonesa
3 cucharadas de tomate concentrado
3 cucharadas de zumo de naranja
1 cucharada de brandy
1 cucharada de mostaza
unas gotas de tabasco

ELABORACIÓN

Sazona el lomo de rape. Extiende el pimentón sobre un papel de aluminio y pasa el lomo hasta que quede bien impregnado. Envuelve el lomo con el papel de aluminio y ponlo a cocer en una cazuela con agua y un puñadito de sal durante 6 minutos a fuego lento.
Retíralo, deja enfriar un poco y córtalo en rodajas de 1/2 cm.
Para la salsa rosa, agrega a un bol, la mahonesa, el tomate concentrado, el zumo de naranja, el brandy, la mostaza y el tabasco y mezcla hasta que quede una salsa homogénea.
Limpia las hojas de lechuga, escúrrelas y córtalas en juliana fina. Colócalas en el fondo de la bandeja, dispón las rodajas de rape y sirve la salsa rosa a los lados. Si sobra algo de salsa, ponla en una salsera.

Extiende el pimentón sobre un papel de aluminio y pasa el lomo.

Envuelve el lomo con el papel de aluminio y ponlo a cocer.

Retíralo, deja enfriar un poco y córtalo en rodajas.

Dispón las rodajas de rape y sirve la salsa rosa a los lados.

TEMPORADA

Invierno

BEBIDA

Tinto reserva

CONSEJO

La carne del rape es muy apreciada y cotizada. Es una carne fina, compacta, de textura gelatinosa, y con un delicioso sabor a marisco que en muchas ocasiones se ha comparado al de la langosta. No se suele preparar frito porque desprende mucho agua, es mejor asado, al vapor, hervido o a la parrilla.

RAPE SALTEADO AL AROMA DE SOJA

INGREDIENTES

1 rape de 2 kg.
4 dientes de ajo
50 gr. hierba de los canónigos
unas hojas de lechugas variadas
1 cebolleta
aceite de oliva virgen extra
salsa de soja
sal
pimienta

ELABORACIÓN

Después de limpiar el rape, sácale los lomos, córtalos por la mitad y después en trozos de bocado.

Pela los ajos y córtalos por la mitad. Dóralos en una sartén con un poco de aceite. Salpimienta los trozos de rape, añádelos a la sartén y saltéalos brevemente. Incorpora las hojas de la hierba de los canónigos, saltea y vierte un chorrito de salsa de soja.

Para la ensalada limpia las hojas de lechuga (lechuga, lolo, roble y escarola), escúrrelas y trocéalas. Colócalas en una fuente. Pica la cebolleta en juliana fina y añádela por encima. Sazona con sal gruesa, un buen chorro de aceite y unas gotas de salsa de soja.

Sirve el pescado en una fuente, en otra la ensalada y en una salsera pequeña, un poco de salsa de soja.

Corta los lomos por la mitad y después en trozos de bocado.

Saltea brevemente los trozos de rape con los ajos.

Incorpora las hojas de la hierba de los canónigos, saltea y vierte un chorrito de salsa de soja.

Sazona la ensalada con un buen chorro de aceite.

TEMPORADA
Verano

BEBIDA
Rosado

CONSEJO

Si compráis el rape entero con tripas y cabeza, tenéis que calcular unos 500 gr. por persona ya que una vez limpio pierde mucho. De todas formas, no olvidéis aprovechar la cabeza, las espinas y la piel para hacer un buen caldo de pescado.

OSTRAS GRATINADAS CON SALSA HOLANDESA

INGREDIENTES

8 ostras
100 gr. de espinacas
100 ml. de nata
hojas de perejil
aceite de oliva virgen extra
sal
pimienta

Para la salsa holandesa:

3 yemas de huevo
200 gr. de mantequilla
zumo de medio limón
sal

ELABORACIÓN

Para la salsa holandesa, por un lado, pon en un cazo la mantequilla a fundir. Cuando esté fundida retira la espuma.
Templa un bol al baño María, vierte dentro el zumo de limón y agrega las yemas. Bate bien con una varilla hasta que vaya montando. Sazona y añade la mantequilla fundida poco a poco, sin dejar de batir. Reserva.
Abre las ostras y suéltalas. Reserva la carne y el jugo. Tira las conchas planas y coloca las profundas sobre una placa de horno cubierta con sal gruesa.
En una sartén con un poco de aceite saltea las espinacas picadas con unas hojas de perejil. Salpimienta e incorpora la nata y el caldo de las ostras.
Vierte sobre cada concha, un poco de salsa de espinacas, coloca encima la ostra y cubre con un poco de salsa holandesa. Gratina en el horno durante 2-3 minutos.
Adorna con unas ramas de perejil.

Vierte en un bol el zumo de limón y las yemas. Bate bien.

Abre las ostras y suéltalas.

Saltea las espinacas. Salpimienta e incorpora la nata y el caldo de ostras.

Cubre las ostras con un poco de salsa holandesa.

TEMPORADA

Invierno

BEBIDA

Cava

CONSEJO

Cualquier exceso de calor provoca la disociación de las yemas con la mantequilla. Se dice entonces que la salsa se ha cortado. Si se produce este accidente, se volverá a montar poniendo en otro bol una yema de huevo y una cucharada de agua. Se bate bien y se añade la salsa cortada, poco a poco, sin dejar de batir.

ALMEJAS RELLENAS

INGREDIENTES

1 Kg. de almejas
1 cebolla
1/2 l. de leche
3 cucharadas de harina
salsa de tomate
perejil
aceite de oliva virgen extra

Para empanar:
harina
huevo
pan rallado

ELABORACIÓN

Abre las almejas en una cazuela al fuego. Reserva el jugo y las conchas y pica la carne.

Pica finamente la cebolla y ponla a pochar en una cazuela con un poco de aceite. Sazona. Cuando la cebolla esté pochada, incorpora la carne de las almejas. Añade la harina y rehoga brevemente. Vierte el jugo de las almejas y la leche poco a poco sin dejar de batir. Sazona y espolvorea con un poco de perejil picado. Mezcla hasta que espese.

Pasa la masa a una fuente y deja enfriar. Cuando esté fría rellena las conchas. Pásalas por harina, huevo batido y pan rallado. Fríelas en una sartén, retíralas y escúrrelas sobre un plato forrado con papel de cocina.

Coloca en el centro del plato, un poco de salsa de tomate y alrededor las almejas. Decora con una ramita de perejil.

Abre las almejas.

Vierte el jugo de las almejas y la leche sin dejar de batir.

Cuando esté la masa fría rellena las conchas.

Fríelas en una sartén.

TEMPORADA
Primavera

BEBIDA
Blanco

CONSEJO

Si las almejas están entreabiertas, hay que darles un golpecito; si se cierran fuertemente es que están vivas, aptas para su consumo. Las que no se cierren no se deben tomar porque están muertas. Es la mejor manera de saber si las almejas está vivas o muertas.

PULPO EN SU SALSA

INGREDIENTES

1 pulpo
4 patatas medianas
1 cebolla
1 cabeza de ajos
agua
sal

Para la salsa:

1 cebolla
1 pimiento rojo
1 tomate maduro
2 dientes de ajo
1 cucharada de pimentón
1-2 cucharadas de harina
1 vaso de vino de vino blanco
aceite de oliva virgen extra
sal
perejil picado

ELABORACIÓN

Pon a hervir abundante agua con sal en una cazuela. Introduce y saca el pulpo del agua tres veces para asustarlo.
Añade la cabeza de ajos entera, una cebolla y las patatas peladas y cortadas por la mitad. Deja cocer durante 20 minutos. Retira el pulpo y las patatas y reserva el caldo para la salsa.
Para la salsa, pica la cebolla, el pimiento rojo y el tomate finamente y los ajos en láminas. Ponla a pochar en una cazuela con 3-4 cucharadas de aceite. Sazona y cuando esté a punto, añade la harina, rehoga brevemente, incorpora el pimentón, el vino y el caldo del pulpo.
Añade el pulpo troceado y las patatas. Deja cocer durante 4 minutos a fuego lento para que se mezclen bien los sabores. Espolvorea con perejil picado y sirve en una fuente.

Introduce y saca el pulpo del agua 3 veces para asustarlo.

Retira el pulpo cocido y las patatas.

Incorpora el pimentón a la salsa.

Añade el pulpo troceado y las patatas y deja cocer 4 minutos.

TEMPORADA

Invierno

BEBIDA

Tinto del año

CONSEJO

Si compráis pulpo fresco, hay que asegurarse de que su color y brillo sean lo más vivos posibles. El pulpo marroquí llega a nuestros mercados con varios días de transporte, por lo que nunca podrá tener el color ocre brillante que posee el pulpo recién pescado. Para el pulpo congelado, hay que comprobar la etiqueta, que deberá especificar obligatoriamente su origen.

POPIETAS DE GALLO AL AZAFRÁN

INGREDIENTES

2 gallos grandes
1 calabacín
2 cebolletas
3 ajos
8 espárragos verdes
1 vaso de nata
agua
unas hebras de azafrán
aceite de oliva virgen extra
sal
perejil

ELABORACIÓN

Limpia y filetea los gallos. Pon las espinas a cocer en una cazuela con agua, sal y unas ramas de perejil.
Pica las cebolletas en juliana fina y los ajos en cuadraditos. Pon todo a dorar en una cazuela con 3-4 cucharadas de aceite. Cuando empiece a tomar color, añade los espárragos verdes, limpios y cortados en 2 a lo largo. Deja que se pochen bien las verduras, añade un par de cazos de caldo de pescado y la nata. Deja reducir.
Pela el calabacín y con el pelador de verduras, saca tiras finas. Sazona el pescado y coloca encima 2-3 tiras de calabacín. Dobla los trozos por la mitad, de forma que el calabacín quede en el interior.
Pon un poco de aceite sobre la placa de horno y coloca las popietas de gallo. Introduce en el horno a 230º C, durante 6-8 minutos. Sirve la salsa en una fuente y coloca encima el pescado.

Pon las espinas a cocer en una cazuela con agua, sal y unas ramas de perejil.

Añade un par de cazos de caldo de pescado a la verdura ya dorada.

Pela el calabacín y con el pelador de verduras, saca tiras finas.

Sazona el pescado y coloca encima 2-3 tiras de calabacín.

TEMPORADA

Verano

BEBIDA

Sidra

CONSEJO

El gallo es un pez de carne blanca y magra, de bajo contenido en grasa, por lo que se considera un pescado fácil de digerir y asimilar. Muy recomendado para convalecientes y personas mayores.

LANGOSTINOS CON SALSA DE TABASCO

INGREDIENTES

16 langostinos
16 hojas de lechuga
3 huevos
harina
aceite de oliva virgen extra
sal
Para la salsa:
2 puerros
1 cucharada de harina
1/4 l. de salsa de tomate
1/4 l. de caldo de langostinos
Salsa Tabasco

ELABORACIÓN

Pela las colas de langostinos, dejando la cabeza enganchada. Aprovecha las cascaras para hacer un caldo.

Para la salsa, limpia los puerros, córtalos en juliana fina y ponlos a pochar. Añade la harina, mezcla bien, vierte la salsa de tomate, el caldo y 8 gotas de Tabasco. Deja cocer durante 10-15 minutos a fuego suave.

Enrolla los langostinos con las hojas de lechuga. Pásalos por harina y huevo batido y fríelos en una sartén con abundante aceite.

Sirve en el centro de cada plato un poco de salsa y coloca alrededor los langostinos.

Deja cocer la salsa durante 10-15 minutos a fuego suave.

Enrolla los langostinos con las hojas de lechuga.

Pásalos por harina y huevo batido.

Fríelos en una sartén con abundante aceite.

TEMPORADA
Primavera

BEBIDA
Blanco

CONSEJO

El sabor del Tabasco da un toque picante y ofrece numerosas posibilidades culinarias: sirve para aromatizar huevos fritos, tortillas, aromatizar pizzas, sopas de pescado, salsas, mariscos, platos orientales, pastas italiana o cócteles como el famoso Bloody Mary.

ROLLITOS DE RAYA A LA PIMIENTA ROSA

INGREDIENTES

1 kg. de raya limpia
4 láminas de pasta brick
2 huevos
1/2 litro de nata líquida
1/2 litro de caldo de pescado
1 cucharada de pimienta rosa en vinagre
1 cucharada de pimienta rosa
2 cucharadas de salsa de tomate
aceite de oliva virgen extra
sal

ELABORACIÓN

Para la salsa, pon en una cazuela la nata, el caldo de pescado, la pimienta rosa y la salsa de tomate. Sazona y pon a cocer a fuego suave durante 15-20 minutos hasta que reduzca y espese. Cuando esté a punto, añade la cucharadita de pimienta rosa seca.
Filetea las aletas de raya de forma que no quede ni un cartílago y trocéalos.
Corta las láminas de pasta brick por la mitad y envuelve los trozos de raya.
Pasa la mitad de cada rollito por huevo batido y fríelos en una sartén con aceite. Escúrrelos y sírvelos en una fuente. En el centro sirve un poco de salsa y pasa el resto a una salsera.

Cuando la salsa esté a punto, añade la pimienta rosa seca.

Filetea las aletas de raya.

Corta las láminas de pasta brick por la mitad y envuelve los trozos de raya.

Fríelos en una sartén con aceite.

TEMPORADA

Invierno

BEBIDA

Tinto del año

CONSEJO

La piel de la raya es muy dura, por lo que lo más apropiado será comprarla limpia sin piel. En el caso de que se la tengáis que quitar vosotros mismos, lo mejor será escaldarla en agua hirviendo antes de pelarla.

SALMÓN CON VERDURAS

INGREDIENTES

4 lonchas de salmón
3 patatas
3 zanahorias
8 ramilletes de brécol
8 ramilletes de coliflor
1 limón
1/2 vaso de caldo de pescado
fécula de maíz diluida en agua
aceite de oliva virgen extra
sal
pimienta
perejil picado

ELABORACIÓN

Pela las zanahorias y las patatas. Con una puntilla, tornéalas. Sazónalas y ponlas a cocer en la olla rápida junto con los ramilletes de brécol y de coliflor. En 4 minutos estarán a punto.

Salpimienta las rodajas de salmón. Pon un poco de aceite en una sartén y cocina el pescado brevemente. En el momento de darles la vuelta, añade el zumo de limón y un poco de caldo.

Pasa las rodajas de salmón a una fuente y sirve al lado las verduras hervidas y escurridas.

Liga la salsa que ha quedado en la sartén con un poco de fécula de maíz diluida en agua. Espolvorea con perejil picado y salsea el salmón.

Pon las zanahorias y las patatas cocer junto con los ramilletes de brocoli y de coliflor.

Pon un poco de aceite en una sartén y cocina el pescado brevemente.

En el momento de darles la vuelta, añade el zumo de limón.

Liga la salsa que ha quedado en la sartén con un poco de fécula de maíz diluida en agua.

TEMPORADA

Otoño

BEBIDA

Tinto crianza

CONSEJO

Cuando vayáis a freír carne o pescado en la sartén, es importante colocarlo suavemente, nos podemos ayudar del algún utensilio para que no nos salten el aceite a las manos. De esta forma evitareis cualquier posible quemadura con el aceite.

RAPE EN SALSA DE NUECES

INGREDIENTES

2 rapes
1 puerro
4 dientes de ajo
250 gr. de nueces
1 cucharada de harina
1/2 vaso de caldo de pescado
1 cucharada de pan rallado
aceite de oliva virgen extra
un chorro de vinagre
sal
pimienta
perejil picado

ELABORACIÓN

Pela las nueces y pica la mitad. Colócalas en el mortero, añade 2 dientes de ajo, el pan rallado y una cucharada de perejil picado. Machaca todo bien.

Limpia los rapes y saca los lomos.

Salpimienta los lomos, colócalos sobre la placa de hornear y úntalas con el majado. Vierte un chorro de aceite e introduce en el honro a 200°C, durante 20 minutos.

Para la salsa, pica el puerro y los otros 2 dientes de ajo. Rehógalos en una cazuela con 3 cucharadas de aceite. Agrega la harina y mezcla bien. Vierte el caldo de pescado y un chorro de vinagre. Deja reducir 5 minutos e incorpora el resto de las nueces peladas. Cocina durante 5 minutos más.

Sirve los lomos de rape en una bandeja, raspa la bandeja y agrega el jugo a la salsa. Mezcla bien la salsa y sirve en la fuente. El resto puedes servirla en una salsera.

Coloca las nueces, 2 dientes de ajo, el pan rallado y una cucharada de perejil picado en el mortero.

Unta los lomos de rape con el majado.

Para la salsa rehoga en una cazuela el puerro y los 2 dientes de ajo, agrega la harina y mezcla bien.

Raspa la bandeja y agrega el jugo a la salsa.

TEMPORADA

Invierno

BEBIDA

Blanco crianza

CONSEJO

El rape es un pescado con poca grasa, por lo que se le considera un pescado blanco. Es uno de los pescados con menor contenido graso muy recomendable para las personas con dietas hipocalóricas.

DORADA AL HORNO

INGREDIENTES

2 doradas
2 tomates
5 dientes de ajo
1 guindilla
aceite de oliva virgen extra
sal
perejil picado

ELABORACIÓN

Limpia las doradas y saca los lomos. No retires la piel.
Cubre la placa del horno con papel de aluminio. Vierte un chorrito de aceite y coloca encima los 4 lomos de dorada, dejando la piel hacia arriba.
Sobre cada trozo, pon un puñadito de sal gruesa y extiéndela. Introduce en el horno a 220ºC durante 10 minutos. Cuando estén hechos, retírales la piel con cuidado y colócalos en una fuente amplia.
Limpia los tomates y córtalos en rodajas gruesas y fríelas en una sartén con un poco de aceite. Colócalas en la misma fuente que el pescado.
Pon unas 8 cucharadas de aceite en otra sartén, calienta y añade los dientes de ajo cortados en láminas. Cuando se doren un poco, añade unas tiras de guindilla. Vierte el aceite sobre el pescado. Espolvorea con perejil picado.

Sobre cada trozo de dorada, pon un puñadito de sal gruesa.

Cuando estén hechos, retírales la piel con cuidado.

Fríe las rodajas de tomate en una sartén con un poco de aceite.

Cuando se doren los ajos, viértelos sobre el pescado.

TEMPORADA
Verano

BEBIDA
Rosado

CONSEJO

La dorada puede ser salvaje o de criadero. La primera tiene una estacionalidad bastante marcada (último trimestre del año) y proceden de Cataluña. La de cultivo tiene un tamaño homogéneo (300-400 gr.) y se encuentra de forma más continuada en el mercado.

CHICHARRO EN ESCABECHE

INGREDIENTES

3 chicharros
4 cebolletas
24 ajos frescos
12 dientes de ajo
4 hojas de laurel
30 granos de pimienta blanca
un poco de harina
aceite de oliva virgen extra
vinagre
sal
una rama de perejil

ELABORACIÓN

Limpia bien los chicharros y saca los filetes. Sazónalos, pásalos por harina y fríelos brevemente "vuelta y vuelta" en una sartén con el aceite. Pásalos a una tartera.

En el mismo aceite pon a pochar los dientes de ajo pelados y enteros, las cebolletas cortadas por la mitad y los ajos frescos limpios. Cuando estén hechos, colócalos sobre los filetes de pescado. Añade los granos de pimienta y las hojas de laurel. Vierte el vinagre y el aceite.

Cubre la superficie de la cazuela con una hoja de papel de aluminio y después coloca la tapa. Cuece durante 5 minutos a fuego suave.

Sirve en una fuente amplia y decora con una ramita de perejil.

Fríe los filetes de los chicharros brevemente.

Cuando estén hechos los ajos y las cebolletas, colócalos sobre los filetes de pescado.

Vierte el vinagre y el aceite.

Sirve en una fuente amplia.

TEMPORADA

Primavera

BEBIDA

Tinto del año

CONSEJO

Una vez que hayáis puesto todos los ingredientes en la cazuela, hay que cerrar toda la superficie con una hoja de papel de aluminio antes de colocar la tapa. De esta forma evitareis que el vinagre se evapore. No lo olvidéis.

TRUCHAS RELLENAS DE REQUESÓN Y NUECES

INGREDIENTES

4 truchas
150 gr. de jamón serrano
150 gr. de requesón
20 nueces
1 tomate
harina
aceite de oliva virgen extra
perejil

ELABORACIÓN

Limpia las truchas, retirando la espina central.
Introduce dentro de cada una loncha de jamón serrano. Pásalas por harina y fríelas en una sartén con aceite. Colócalas en una fuente amplia.
Casca y pela las nueces.
Mezcla en un bol el requesón, la mitad de las nueces y el resto del jamón picado. Coloca la mezcla en una manga pastelera y rellena las truchas.
Tuesta el resto de las nueces en una sartén con un poco de aceite. Pela el tomate y córtalo en dados. Incorpóralos a la sartén, saltea brevemente y sirve sobre las truchas. Decora con una ramita de perejil.

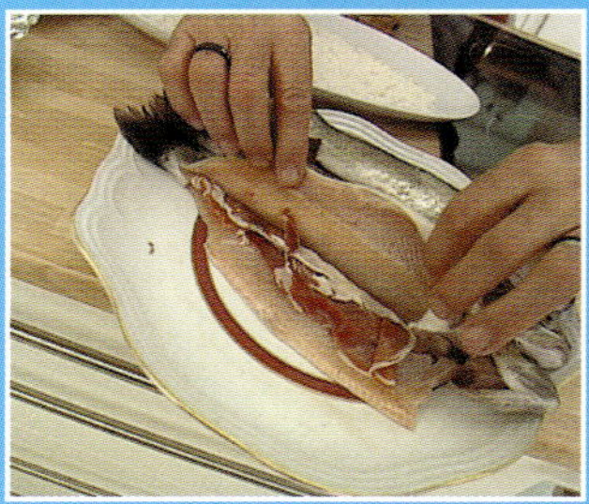

Introduce dentro de cada trucha una loncha de jamón serrano.

Fríelas en una sartén con aceite.

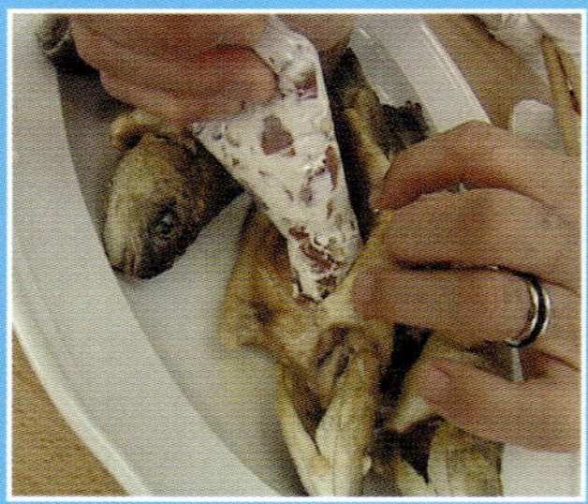

Coloca la mezcla en una manga pastelera y rellena las truchas.

Tuesta el resto de las nueces y el tomate en una sartén.

TEMPORADA

Otoño

BEBIDA

Rosado

CONSEJO

Si no tenéis manga pastelera, no os preocupéis, porque las truchas se pueden rellenar también con una cuchara. Sólo hay que tener un poco más de cuidado.

TXANGURRO A LA DONOSTIARRA

INGREDIENTES

2 centollos
2 cebollas
2 dientes de ajo
1 tomate
1 copa de brandy
pan rallado
mantequilla
agua
aceite de oliva virgen extra
sal
perejil

ELABORACIÓN

Pon abundante agua a cocer en una cazuela. Cuando empiece a hervir, añade bastante sal (unos 50-60 grs. de sal por cada litro de agua). Cuece los centollos de uno en uno, aproximadamente durante 10 minutos.

Deja que se templen y sácales la carne, procurando que no queden partes duras. Reserva en cuencos, por un lado la carne de la cabeza y por otro la carne del cuerpo.

Pica las cebollas y pon a dorar en una sartén con un poco de aceite. Añade los dientes de ajo y el tomate bien picados y rehoga brevemente. Incorpora la carne de los centollos y mezcla bien. Agrega un poco de pan rallado, vierte el brandy y flambea.

Limpia los caparazones y rellénalos. Espolvorea con un poco de pan rallado y perejil y coloca encima unas nueces de mantequilla. Gratina en el horno durante 4 minutos. Sirve en una fuente amplia.

Cuando empiece a hervir el agua, añade bastante sal y cuece los centollos de uno en uno.

Deja que se templen los centollos y sácales la carne.

Incorpora la carne de los centollos a la salsa y mezcla bien.

Limpia los caparazones y rellénalos.

TEMPORADA

Invierno

BEBIDA

Tinto reserva

CONSEJO

Os voy a dar otra fórmula para cocer el marisco. Después de seleccionar la pieza, introdúcela en el congelador durante unos 45-60 minutos, ponla a cocer en agua hirviendo, manteniendo al fuego hasta que vuelve a hervir, momento en el que se apaga. Deja enfriar hasta que el agua esté a temperatura ambiente.

CARRILLERAS DE BACALAO CON MEJILLONES EN SALSA VERDE

INGREDIENTES

800 gr. de carrilleras
16 mejillones
1 cebolleta
2 dientes de ajo
2 vasos de vino blanco
1 cucharada de harina
agua
aceite de oliva virgen extra
sal
perejil picado

ELABORACIÓN

Pica la cebolleta y los dientes de ajo finamente. Pon a pochar en una cazuela ancha con un poco de aceite y una pizca de sal. Añade la harina, rehoga brevemente, vierte el vino y mezcla bien.
Limpia bien los mejillones, retirando las barbas y las impurezas que puedan tener. Agrégalos a la cazuela, tápala y cocínalos hasta que se abran. Pásalos a un plato, retírales el lado de la cáscara que no tiene mejillón y resérvalos.
Vierte un poco de agua a la cazuela, espolvorea con un buen puñado de perejil, sazona las carrilleras e incorpóralas. Tapa la cazuela y cocina durante 2 minutos.
Introduce nuevamente los mejillones y dales un hervor.
Sirve en una fuente alargada: las carrilleras en el centro y los mejillones a un costado.

Pon a pochar en una cazuela la cebolleta y los dientes de ajo, añade la harina y rehoga brevemente.

Retira el lado de la cáscara que no tiene mejillón.

Sazona las carrilleras e incorpóralas a la cazuela.

Introduce nuevamente los mejillones y dales un hervor.

TEMPORADA

Otoño

BEBIDA

Blanco crianza

CONSEJO

Si después de cocinar los mejillones, alguno no se abre, no dudéis en desecharlo. De esta forma evitareis cualquier posible intoxicación.

SALMONETES ENCEBOLLADOS CON VINAGRETA DE ALBAHACA

INGREDIENTES

4 salmonetes
5 cebolletas
4 patatas
2 tomates
2 dientes de ajo
harina
aceite de oliva virgen extra
vinagre de Módena
albahaca
sal
perejil

ELABORACIÓN

Pela los tomates y trocéalos en dados. Ponlos en un bol, añade aceite, vinagre, un poco de albahaca picada y sal. Mezcla bien y deja macerar.
Pela las patatas y rállalas con un rallador. Añade la cuarta parte a una sartén con un poco de aceite. Extiende la masa y fríela por los dos lados hasta que quede dorada.
Limpia los salmonetes, sálalos y pásalos por harina. Pon una sartén con abundante aceite, aplasta dos ajos, añádelos a la sartén y fríe los salmonetes, 3-4 minutos por cada lado. Cuando estén fritos, retíralos.
Pica las cebolletas en juliana fina, añádelas a la sartén donde has frito los salmonetes y cocina hasta que se doren.
Sirve en el fondo de una fuente, las tortas de patata, coloca encima los salmonetes y los dados de tomate y la cebolla a los lados. Decora con una rama de perejil.

Pon los tomates en un bol, añade aceite, vinagre, albahaca y sal.

Extiende la masa de las patatas y fríela por los dos lados.

Fríe los salmonetes.

Pica las cebolletas, añádelas a la sartén donde has frito los salmonetes y cocina hasta que se doren.

TEMPORADA

Verano

BEBIDA

Blanco

CONSEJO

Para saber si el salmonete está fresco, hay que fijarse en su coloración roja o rosada. Es importante que sea antes del desescamado porque al retirar las escamas el color rojo se vuelve más intenso. Algunos comerciantes tratan de aparentar una mayor frescura a base de desescamarlos.

POPIETAS DE CABALLA AL HORNO

INGREDIENTES

4 caballas
4 patatas pequeñas
4 puerros
12 ajos frescos
8 espárragos verdes
1 vaso de vino blanco
agua
harina de maíz
aceite de oliva virgen extra
sal
pimienta blanca
perejil picado

ELABORACIÓN

Saca los filetes de las caballas y córtalos por la mitad. Envuélvelos sobre sí mismos (dejando la piel hacia fuera) y pínchalos con un palillo. Salpimiéntalos.
Limpia los puerros, los ajos frescos y los espárragos.
Corta la parte blanca del puerro en juliana fina, los ajos y los espárragos por la mitad, retirando el tallo. Pela las patatas y córtalas en gajos gruesos. Ponlas a freír en una sartén con aceite. Cuando se hayan cocinado un poco agrega los puerros, los ajos y las puntas de espárrago. Salpimienta y rehoga brevemente.
Pasa todo a una bandeja de horno y distribúyelo bien. Coloca encima las popietas, riega todo con el vino e introduce en el horno a 220-240ºC, durante 10 minutos.
Sirve en el centro de una fuente las verduras y coloca alrededor las popietas.
Vierte un poco de agua sobre la bandeja de horno, raspa bien y pasa la mezcla a una sartén. Pon a hervir y agrega un poco de harina de maíz refinada diluida en agua. Espolvorea con perejil y salsea la fuente.

Envuelve los filetes de las caballas sobre sí mismos.

Salpimienta y rehoga todo brevemente.

Pasa todo a una bandeja de horno y distribúyelo bien.Coloca encima las popietas y riega todo con el vino.

Vierte un poco de agua sobre la bandeja de horno, raspa bien y pasa la mezcla a una sartén.

TEMPORADA
Primavera

BEBIDA
Blanco

CONSEJO

Si peláis las patatas con antelación, conviene ponerlas en un bol con agua para que no se pongan feas. Después las secáis bien con un trapo limpio para que no salpiquen a la hora de freír.

ANCHOAS REBOZADAS CON PIQUILLOS

INGREDIENTES

24 de anchoas
8 pimientos del piquillo rojos
8 pimientos del piquillo verdes
6 dientes de ajo
harina
huevo batido
aceite de oliva virgen extra
sal
azúcar

ELABORACIÓN

Pela los ajos, corta 4 en láminas y ponlos a freír en una sartén con un poco de aceite. Cuando empiecen a dorarse, agrega los pimientos. Añade un poco de sal y azúcar. Dales la vuelta y añade nuevamente otro poco de sal y de azúcar.
Cocínalos a fuego suave.

Limpia las anchoas, retirándole cabeza, tripa y espina central. Con unas tijeras, quítales las barbas.

Pasa las anchoas por harina y huevo batido y fríelas en una sartén con abundante aceite caliente y un par de ajos.

Sirve en una bandeja amplia, los pimientos en el fondo de la bandeja y coloca encima las anchoas.

Cuando empiecen a dorarse los ajos, agrega los pimientos.

Limpia las anchoas, retirándole cabeza, tripa y espina central.

Pasa las anchoas por harina y huevo batido y fríelas.

Sirve los pimientos en el fondo de la bandeja y coloca encima las anchoas.

TEMPORADA
Verano

BEBIDA
Sidra

CONSEJO

Para que el rebozado quede fino, lo mejor será enharinar las anchoas inmediatamente antes de freírlas, sacudiéndolas para que suelten el exceso de harina.

MEJILLONES A LA PIMIENTA

INGREDIENTES

1 Kg. de mejillones
1-2 cebolletas
1 vaso de vino blanco
1 cucharada de vinagre
15 gr. de pimienta verde
aceite de oliva virgen extra
Para la provenzal:
6 cucharadas de pan rallado
3 dientes de ajo
perejil picado

ELABORACIÓN

Pica las cebolletas y rehógalas brevemente en una cazuela con aceite.

Limpia los mejillones y añádelos. Agrega el vino blanco, el chorro de vinagre y la pimienta verde. Tapa y deja hervir a fuego medio, hasta que se abran las conchas. Retira las conchas elimina la parte de la concha que no tiene carne, coloca las otras mitades en una bandeja de horno.

Para la provenzal, mezcla en un cuenco, el pan rallado, el perejil y los ajos bien picaditos.

Tritura la salsa y viértela sobre la los mejillones, espolvorea con la provenzal e introduce al horno para gratinar durante 3-4 minutos. Sirve en una fuente.

Pica las cebolletas y rehógalas brevemente en una cazuela con aceite.

Limpia los mejillones y añádelos.

Mezcla en un cuenco, el pan rallado, el perejil y los ajos.

Tritura la salsa y viértela sobre la los mejillones.

TEMPORADA

Invierno

BEBIDA

Blanco-crianza

CONSEJO

Para limpiar los mejillones, retira todas las "barbas" y suciedades que puedan tener pegadas a las conchas. Lávalos perfectamente bajo el chorro de agua fijándote en que no quede ningún resto de arena.

PERLÓN COCIDO

INGREDIENTES

1 1/2 kg. de perlón
4 patatas
2 cebolletas
4 puerros finos
2 zanahorias
agua
aceite de oliva virgen extra
sal
pimienta blanca
pimentón picante

ELABORACIÓN

Pela las patatas y las zanahorias, limpia los puerros.
Corta todo por la mitad y pon en la olla rápida. Añade las cebolletas y cubre con agua. Sazona y añade unos 25 granos de pimienta blanca. Pon la tapa a la olla y deja cocer durante 2-3 minutos desde el momento en que empiece a salir el vapor.
Limpia el pescado, retira la cabeza y córtalo en tres.
Cuando las verduras estén hechas, destapa la olla e introduce el pescado y deja cocer (sin tapa) durante 5 minutos. Saca el pescado y retira las espinas.
Sirve en una fuente amplia, a un lado el pescado y al otro las verduras. Riega el pescado con aceite virgen extra y espolvorea las verduras con pimentón picante.

Pon a cocer en la olla rápida las verduras.

Cuando las verduras estén hechas, destapa la olla e introduce el pescado y deja cocer.

Saca el pescado y retira las espinas.

Espolvorea las verduras con pimentón picante.

TEMPORADA
Otoño

BEBIDA
Tinto crianza

CONSEJO

El perlón da mucho juego en la cocina. Puede hervirse en un caldo corto o usarse para freír o asar a la parrilla. Y no olvidéis que, una vez cocido, es ideal para hacer pasteles de pescado.

PESCADILLA A LA ROMANA CON TOMATES

INGREDIENTES

1.200 gr. de pescadilla
1 cabeza de ajos
3 tomates
harina
2 huevos
aceite de oliva virgen extra
sal
perejil

ELABORACIÓN

Pon abundante aceite en una sartén a calentar. Corta la cabeza de ajos por la mitad y ponla a freír.

Pasa las tajadas de pescadilla por harina y huevo. Fríelas por los dos lados. Es importante no freírlas demasiado de forma que el interior quede jugoso.

Pela los tomates y córtalos en rodajas gruesas. Ponlas a freír en otra sartén con un poco de aceite.

Cuando estén hechas, sirve las rodajas de tomate en una fuente amplia. Espolvorea con perejil picado el jugo de la sartén y salsea los tomates. Coloca encima las tajadas de pescadilla y adorna con una rama de perejil.

Corta la cabeza de ajos por la mitad y ponla a freir.

Fríe las tajadas de pescadilla.

En otra sartén pon las rodajas de tomate.

Cuando estén hechas, sírvelas en una fuente amplia.

TEMPORADA

Primavera

BEBIDA

Blanco de crianza

CONSEJO

La pescadilla fresca, a veces, no está tan bien valorada. Su carne es sabrosa, tanto o más que la merluza. Si tu presupuesto está un poco resentido estos días, puede venirte muy bien para tu cesta de la compra.

CALAMARES A LA PLANCHA

INGREDIENTES

16 calamares con sus tintas
2 cebollas
2 pimientos verdes
3 dientes de ajo
agua
aceite de oliva virgen extra
sal

ELABORACIÓN

Limpia bien los calamares, separa las aletas y los tentáculos (pica finamente la mitad). Reserva las tintas. Sazona los calamares y riégalos con un poco de aceite y hazlos a la plancha, 3 minutos por cada lado.
Pica las cebollas y los pimientos finamente. Pon a pochar en una sartén con un poco de aceite. Corta los ajos en láminas e incorpóralos. Deja pochar. Cuando se doren las verduras, añade las aletas y los tentáculos picados. Saltea brevemente y sirve en el centro de una fuente y reserva.
Pon un poco de aceite en la misma sartén, agrega las tintas, dales un hervor y disuélvelas bien. Tritura con una batidora eléctrica y cuela la salsa. Pon una cazuela con agua al fuego, cuando empiece a hervir, escalda brevemente los tentáculos reservados anteriormente.
Sirve los cuerpos de los calamares sobre las verduras pochadas y coloca en el centro, los tentáculos escaldados. Salsea con la salsa de tinta de calamar.

Sazona los calamares, riégalos con un poco de aceite y hazlos a la plancha

Cuando se doren las verduras, añade las aletas y los tentáculos picados.

Pon un poco de aceite, agrega las tintas. Dales un hervor y disuélvelas bien.

Escalda brevemente los tentáculos reservados.

TEMPORADA
Otoño

BEBIDA
Rosado

CONSEJO

Si es posible compra los calamares con su propia tinta. Si no, siempre puedes utilizar las bolsitas de tinta que venden en las pescaderías.